기본 연산 Check-Book

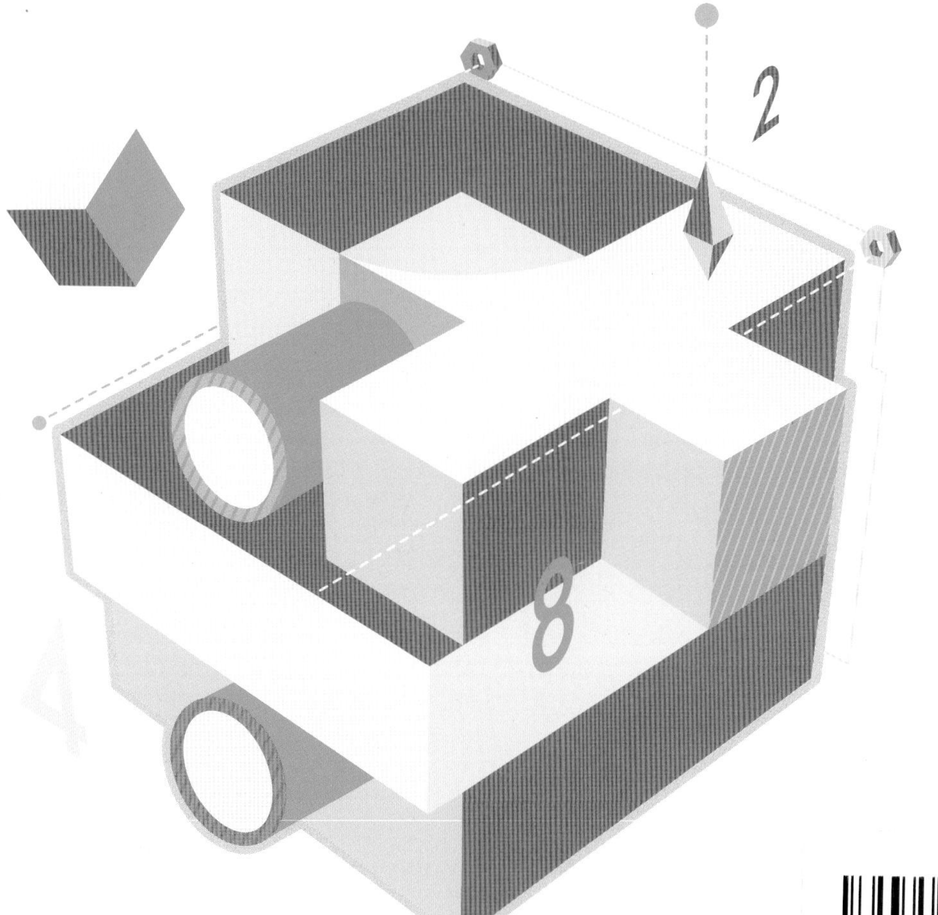

KB014109

6세 1호

10까지의 수

1주 9까지의 수

❶	●	1	1	1	1	1	1	1	일	하나
❷	●●	2	2	2	2	2	2	2	이	둘
❸	●●●	3	3	3	3	3	3	3	삼	셋
❹	●●●●	4	4	4	4	4	4	4	사	넷
❺	●●●●●	5	5	5	5	5	5	5	오	다섯
❻	●●●●●●	6	6	6	6	6	6	6	육	여섯
❼	●●●●●●●	7	7	7	7	7	7	7	칠	일곱
❽	●●●●●●●●	8	8	8	8	8	8	8	팔	여덟
❾	●●●●●●●●●	9	9	9	9	9	9	9	구	아홉

자르는 선

1주 9까지의 수

월 일

⑩ ●●●●●● 육 6

⑪ ●●● 삼

⑫ ●●●●● 오

⑬ ●● 둘

⑭ ●●●●●●●●● 구

⑮ ● 일

⑯ ●●●●●●● 칠

⑰ ●●●●●●●● 팔

⑱ ●●●● 사

⑲ ●●●● 넷 4

⑳ ●●●●●●●●● 아홉

㉑ ●●●●●●● 일곱

㉒ ● 하나

㉓ ●●●●● 다섯

㉔ ●● 둘

㉕ ●●●●●● 여섯

㉖ ●●● 셋

㉗ ●●●●●●●● 여덟

자르는 선

수 세기

❶  7

❷ 

❸ 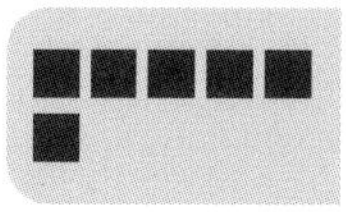

❹ 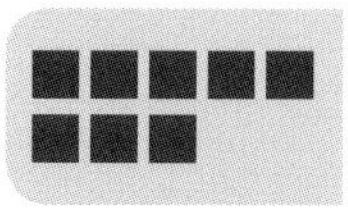

❺ 

❻ 

❼ 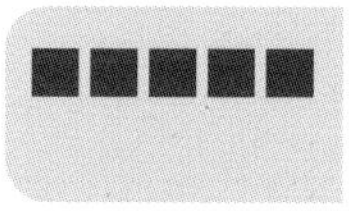

❽ 

❾ 

❿ 

⓫ 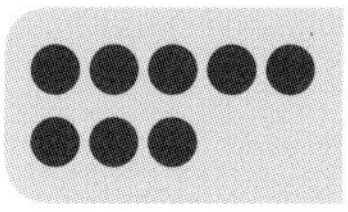

⓬ 

⓭ 

⓮ 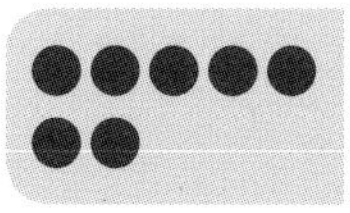

⓯ 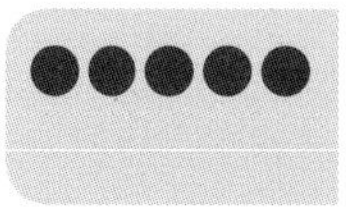

⓰ 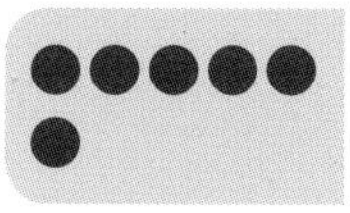

⓱ 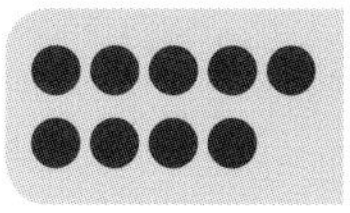

⓲ 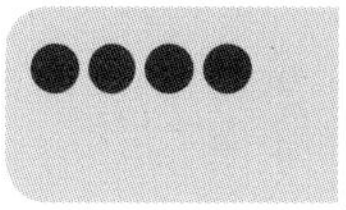

자르는 선

2주 수 세기

월 일

⑲ ★★★ [ ]

⑳ ★★★★★ [ ]

㉑ ★★★★★ ★★ [ ]

㉒ ★★ [ ]

㉓ ★ [ ]

㉔ ★★★★★ ★ [ ]

㉕ ★★★★★ ★★★★ [ ]

㉖ ★★★★★ ★★★ [ ]

㉗ ★★★★ [ ]

㉘ ◆◆◆◆◆ ◆◆◆ [ ]

㉙ ◆◆◆◆◆ ◆◆ [ ]

㉚ ◆◆ [ ]

㉛ ◆◆◆◆◆ ◆ [ ]

㉜ ◆◆◆◆◆ [ ]

㉝ ◆◆◆ [ ]

㉞ ◆◆◆◆◆ ◆◆◆◆ [ ]

㉟ ◆◆◆◆ [ ]

㊱ ◆ [ ]

자르는 선

3주 수의 순서

❶ 1 — 2 — 3 — 4 — ☐ — ☐ — 7 — 8 — 9

❷ 1 — 2 — ☐ — ☐ — 5 — 6 — 7 — 8 — 9

❸ 1 — 2 — 3 — 4 — 5 — 6 — 7 — ☐ — ☐

❹ ☐ — ☐ — 3 — 4 — 5 — 6 — 7 — 8 — 9

❺ 1 — 2 — 3 — ☐

❻ 4 — 5 — 6 — ☐

❼ 6 — 7 — 8 — ☐

❽ 2 — 3 — 4 — ☐

❾ ☐ — 4 — 5 — 6

❿ ☐ — 6 — 7 — 8

⓫ ☐ — 5 — 6 — 7

⓬ ☐ — 2 — 3 — 4

⓭ 3 — 4 — ☐ — 6

⓮ 5 — 6 — ☐ — 8

자르는 선

월 일

⑮ 9 — 8 — 7 — 6 — ☐ — ☐ — 3 — 2 — 1

⑯ 9 — 8 — ☐ — ☐ — 5 — 4 — 3 — 2 — 1

⑰ 9 — 8 — 7 — 6 — 5 — 4 — ☐ — ☐ — 1

⑱ ☐ — ☐ — 7 — 6 — 5 — 4 — 3 — 2 — 1

⑲ 9 — 8 — 7 — ☐

⑳ 4 — 3 — 2 — ☐

㉑ 5 — 4 — 3 — ☐

㉒ 7 — 6 — 5 — ☐

㉓ ☐ — 5 — 4 — 3

㉔ ☐ — 7 — 6 — 5

㉕ ☐ — 8 — 7 — 6

㉖ ☐ — 4 — 3 — 2

㉗ 8 — 7 — ☐ — 5

㉘ 6 — ☐ — 4 — 3

자르는 선

4주 순서수

❶	셋	3
	셋째	
❷	다섯	5
	다섯째	
❸	여섯	6
	여섯째	
❹	넷	4
	넷째	
❺	일곱	7
	일곱째	
❻	둘	2
	둘째	
❼	여덟	8
	여덟째	

자르는 선

월 일

❽
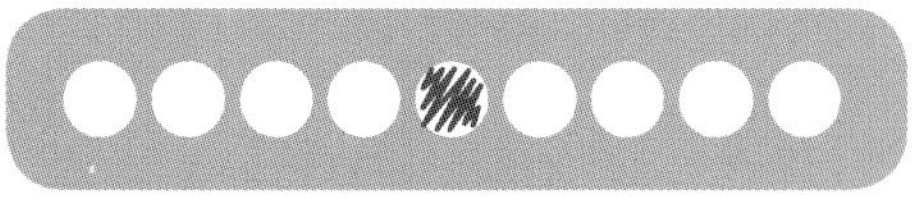
다섯째(5)

❾
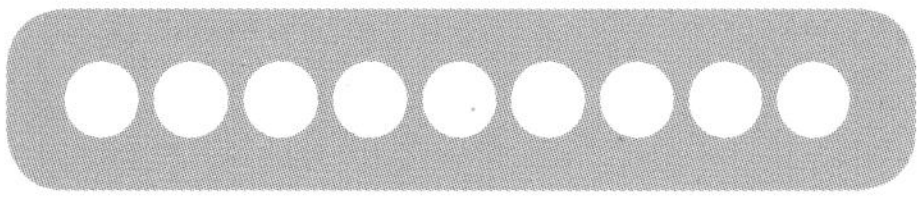
일곱째(7)

❿
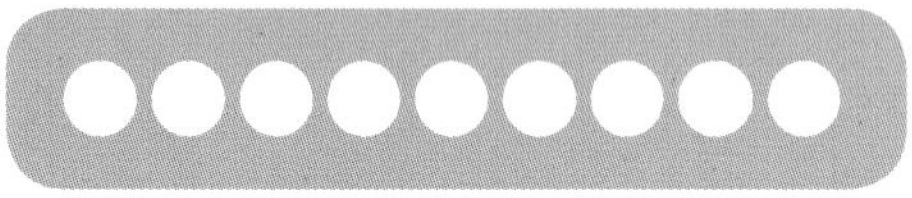
둘째(2)

⓫
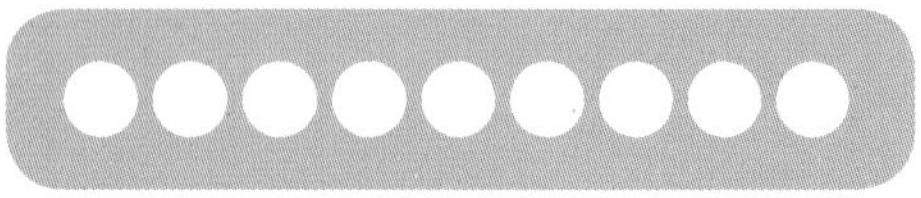
첫째(1)

⓬
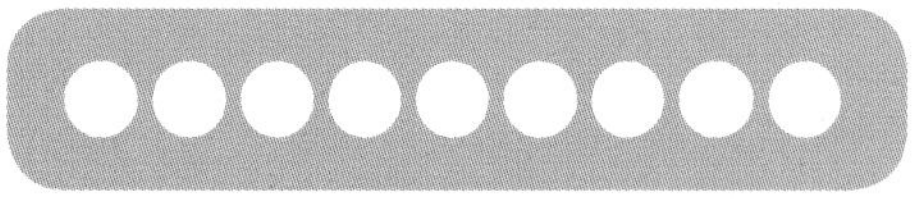
넷째(4)

⓭
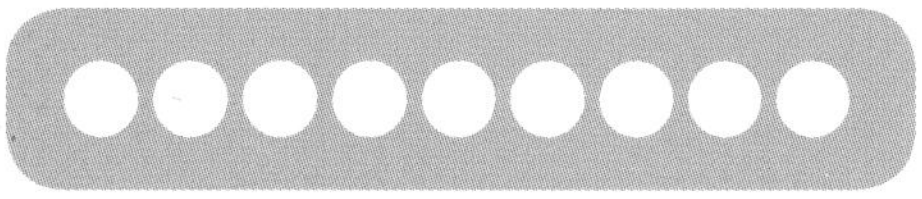
아홉째(9)

⓮
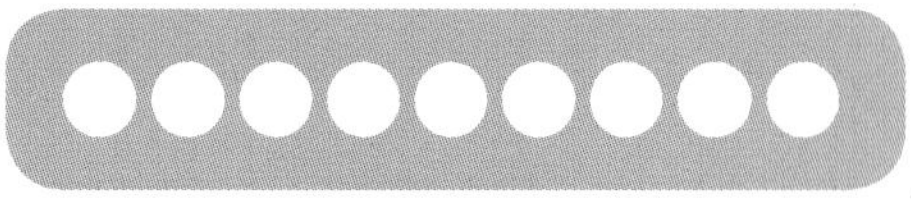
여섯째(6)

⓯
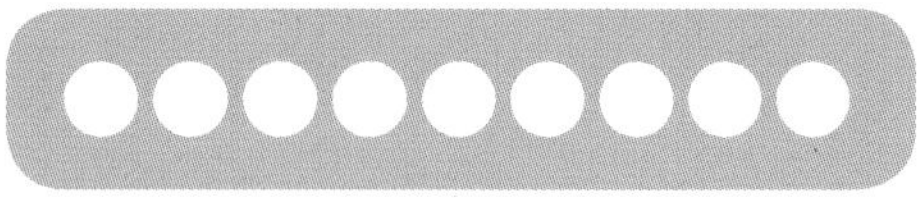
셋째(3)

⓰

여덟째(8)

⓱
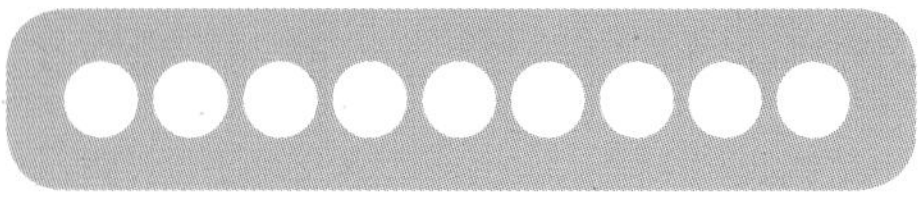
다섯째(5)

자르는 선

5주

1 큰 수 1 작은 수

❶ 6 —1 큰 수→ 7

❷ 4 —1 큰 수→ □

❸ 5 —1 큰 수→ □

❹ 7 —1 큰 수→ □

❺ 1 —1 큰 수→ □

❻ 2 —1 큰 수→ □

❼ 3 —1 큰 수→ □

❽ 8 —1 큰 수→ □

❾ 6 —1 큰 수→ □

❿ □ ←1 작은 수— 6

⓫ □ ←1 작은 수— 5

⓬ □ ←1 작은 수— 8

⓭ □ ←1 작은 수— 9

⓮ □ ←1 작은 수— 4

⓯ □ ←1 작은 수— 3

⓰ □ ←1 작은 수— 2

⓱ □ ←1 작은 수— 7

⓲ □ ←1 작은 수— 6

⓳ □ ←1 작은 수— 8 —1 큰 수→ □

⓴ □ ←1 작은 수— 4 —1 큰 수→ □

㉑ □ ←1 작은 수— 5 —1 큰 수→ □

㉒ □ ←1 작은 수— 7 —1 큰 수→ □

㉓ □ ←1 작은 수— 6 —1 큰 수→ □

㉔ □ ←1 작은 수— 3 —1 큰 수→ □

자르는 선

월 일

㉕

1 작은 수		1 큰 수
	2	
	3	
	4	

㉖

1 작은 수		1 큰 수
	8	
	7	
	6	

㉗

1 작은 수		1 큰 수
	5	
	6	
	7	

㉘

1 작은 수		1 큰 수
	5	
	4	
	3	

㉙

1 작은 수		1 큰 수
	2	
	8	
	4	

㉚

1 작은 수		1 큰 수
	5	
	7	
	3	

자르는 선

6주

수의 크기

❶ 큰 수

3	⑦

❷ 큰 수

4	2

❸ 큰 수

8	7

❹ 큰 수

9	6

❺ 큰 수

3	8

❻ 큰 수

2	5

❼ 큰 수

4	1

❽ 큰 수

7	9

❾ 큰 수

5	6

❿ 작은 수

④	7

⓫ 작은 수

8	4

⓬ 작은 수

9	8

⓭ 작은 수

2	1

⓮ 작은 수

3	5

⓯ 작은 수

6	8

⓰ 작은 수

9	3

⓱ 작은 수

7	5

⓲ 작은 수

1	6

자르는 선

월 일

⑲

가장 큰 수		
4	⑦	6

⑳

가장 큰 수		
9	7	2

㉑

가장 큰 수		
5	1	8

㉒

가장 큰 수		
6	8	3

㉓

가장 큰 수		
3	4	7

㉔

가장 큰 수		
8	5	2

㉕

가장 큰 수		
4	9	5

㉖

가장 큰 수		
2	6	8

㉗

가장 큰 수		
1	2	4

㉘

가장 작은 수		
3	②	7

㉙

가장 작은 수		
8	4	2

㉚

가장 작은 수		
2	9	8

㉛

가장 작은 수		
1	5	3

㉜

가장 작은 수		
4	3	1

㉝

가장 작은 수		
9	8	5

㉞

가장 작은 수		
6	1	4

㉟

가장 작은 수		
7	6	2

㊱

가장 작은 수		
5	7	6

자르는 선

조건과 수

❶ 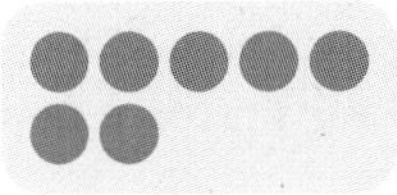

7

❷ 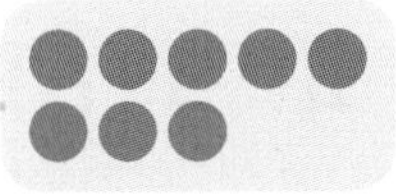

❸ 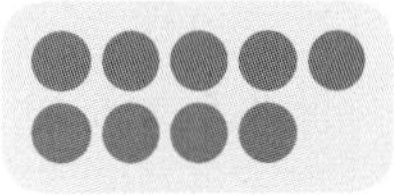

❹ 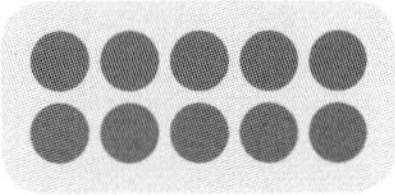

❺ 

❻ 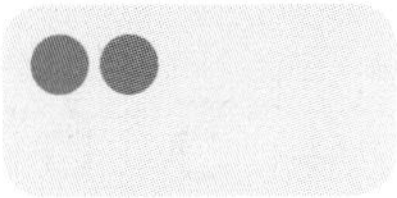

❼ 

❽

❾ 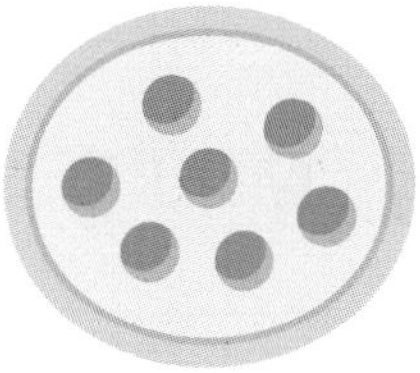

❿ 

⓫ 

⓬ 

⓭ 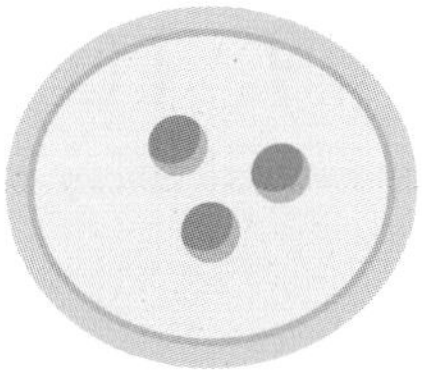

⓮ 

⓯ 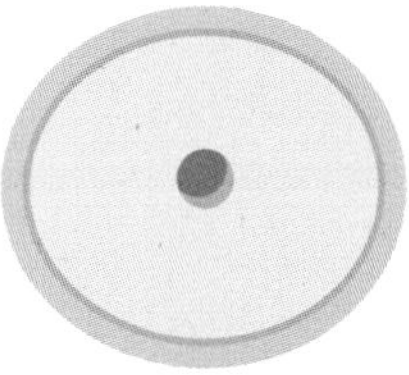

⓰ 

자르는 선

월 일

⑰ 5보다 큰 수

0 1 2 3 4 5 6 7 8 9 10

⑱ 6보다 큰 수

0 1 2 3 4 5 6 7 8 9 10

⑲ 8보다 큰 수

0 1 2 3 4 5 6 7 8 9 10

⑳ 7보다 큰 수

0 1 2 3 4 5 6 7 8 9 10

㉑ 4보다 작은 수

0 1 2 3 4 5 6 7 8 9 10

㉒ 5보다 작은 수

0 1 2 3 4 5 6 7 8 9 10

㉓ 3보다 작은 수

0 1 2 3 4 5 6 7 8 9 10

㉔ 6보다 작은 수

0 1 2 3 4 5 6 7 8 9 10

자르는 선

8주 2 큰 수 2 작은 수

❶ 3 —1 큰 수→ 4 —1 큰 수→ 5

❷ 7 —1 큰 수→ □ —1 큰 수→ □

❸ 6 —1 큰 수→ □ —1 큰 수→ □

❹ 5 —1 큰 수→ □ —1 큰 수→ □

❺ 1 —1 큰 수→ □ —1 큰 수→ □

❻ 4 —1 큰 수→ □ —1 큰 수→ □

❼ 8 —1 큰 수→ □ —1 큰 수→ □

❽ 2 —1 큰 수→ □ —1 큰 수→ □

❾ □ ←1 작은 수— □ ←1 작은 수— 3

❿ □ ←1 작은 수— □ ←1 작은 수— 2

⓫ □ ←1 작은 수— □ ←1 작은 수— 7

⓬ □ ←1 작은 수— □ ←1 작은 수— 9

⓭ □ ←1 작은 수— □ ←1 작은 수— 4

⓮ □ ←1 작은 수— □ ←1 작은 수— 8

⓯ □ ←1 작은 수— □ ←1 작은 수— 6

⓰ □ ←1 작은 수— □ ←1 작은 수— 5

자르는 선

8주 2 큰 수 2 작은 수

월 일

⑰ 3 —2 큰 수→ 5

⑱ 5 —2 큰 수→ □

⑲ 8 —2 큰 수→ □

⑳ 6 —2 큰 수→ □

㉑ 7 —2 큰 수→ □

㉒ 1 —2 큰 수→ □

㉓ □ ←2 작은 수— 4

㉔ □ ←2 작은 수— 7

㉕ □ ←2 작은 수— 2

㉖ □ ←2 작은 수— 9

㉗ □ ←2 작은 수— 8

㉘ □ ←2 작은 수— 6

㉙ 2 ←2 작은 수— 4 —2 큰 수→ 6

㉚ □ ←2 작은 수— 7 —2 큰 수→ □

㉛ □ ←2 작은 수— 5 —2 큰 수→ □

㉜ □ ←2 작은 수— 2 —2 큰 수→ □

㉝ □ ←2 작은 수— 8 —2 큰 수→ □

㉞ □ ←2 작은 수— 3 —2 큰 수→ □

㉟ □ ←2 작은 수— 7 —2 큰 수→ □

㊱ □ ←2 작은 수— 6 —2 큰 수→ □

자르는 선

정 답

1주 9까지의 수

1~2쪽

(1)~(9) 생략 (10) 6 (11) 3 (12) 5 (13) 2 (14) 9 (15) 1 (16) 7 (17) 8 (18) 4 (19) 4
(20) 9 (21) 7 (22) 1 (23) 5 (24) 2 (25) 6 (26) 3 (27) 8

2주 수 세기

3~4쪽

(1) 7 (2) 2 (3) 6 (4) 8 (5) 4 (6) 1 (7) 5 (8) 9 (9) 3 (10) 2 (11) 8 (12) 1
(13) 3 (14) 7 (15) 5 (16) 6 (17) 9 (18) 4 (19) 3 (20) 5 (21) 7 (22) 2 (23) 1 (24) 6
(25) 9 (26) 8 (27) 4 (28) 8 (29) 7 (30) 2 (31) 6 (32) 5 (33) 3 (34) 9 (35) 4 (36) 1

3주 수의 순서

5~6쪽

(1) 5, 6 (2) 3, 4 (3) 8, 9 (4) 1, 2 (5) 4 (6) 7 (7) 9 (8) 5 (9) 3 (10) 5 (11) 4 (12) 1
(13) 5 (14) 7 (15) 5, 4 (16) 7, 6 (17) 3, 2 (18) 9, 8 (19) 6 (20) 1 (21) 2 (22) 4 (23) 6 (24) 8
(25) 9 (26) 5 (27) 6 (28) 5

4주 순서수

7~8쪽

5주 1 큰 수 1 작은 수

9~10쪽

(1) 7 (2) 5 (3) 6 (4) 8 (5) 2 (6) 3 (7) 4 (8) 9 (9) 7 (10) 5 (11) 4 (12) 7
(13) 8 (14) 3 (15) 2 (16) 1 (17) 6 (18) 5 (19) 7, 9 (20) 3, 5 (21) 4, 6 (22) 6, 8 (23) 5, 7 (24) 2, 4
(25) 1, 3, 2, 4, 3, 5 (26) 7, 9, 6, 8, 5, 7 (27) 4, 6, 5, 7, 6, 8 (28) 4, 6, 3, 5, 2, 4
(29) 1, 3, 7, 9, 3, 5 (30) 4, 6, 6, 8, 2, 4

6주 수의 크기

11~12쪽

(1) 7 (2) 4 (3) 8 (4) 9 (5) 8 (6) 5 (7) 4 (8) 9 (9) 6 (10) 4 (11) 4 (12) 8
(13) 1 (14) 3 (15) 6 (16) 3 (17) 5 (18) 1 (19) 7 (20) 9 (21) 8 (22) 8 (23) 7 (24) 8
(25) 9 (26) 8 (27) 4 (28) 2 (29) 2 (30) 2 (31) 1 (32) 1 (33) 5 (34) 1 (35) 2 (36) 5

7주 조건과 수

13~14쪽

(1) 7 (2) 8 (3) 9 (4) 10 (5) 3 (6) 2 (7) 1 (8) 0 (9) 7 (10) 8 (11) 9 (12) 10
(13) 3 (14) 2 (15) 1 (16) 0 (17) 6, 7, 8, 9, 10 (18) 7, 8, 9, 10 (19) 9, 10 (20) 8, 9, 10
(21) 0, 1, 2, 3 (22) 0, 1, 2, 3, 4 (23) 0, 1, 2 (24) 0, 1, 2, 3, 4, 5

8주 2 큰 수 2 작은 수

15~16쪽

(1) 4, 5 (2) 8, 9 (3) 7, 8 (4) 6, 7 (5) 2, 3 (6) 5, 6 (7) 9, 10 (8) 3, 4 (9) 1, 2 (10) 0, 1 (11) 5, 6 (12) 7, 8
(13) 2, 3 (14) 6, 7 (15) 4, 5 (16) 3, 4 (17) 5 (18) 7 (19) 10 (20) 8 (21) 9 (22) 3 (23) 2 (24) 5
(25) 0 (26) 7 (27) 6 (28) 4 (29) 2, 6 (30) 5, 9 (31) 3, 7 (32) 0, 4 (33) 6, 10 (34) 1, 5 (35) 5, 9 (36) 4, 8

사고셈

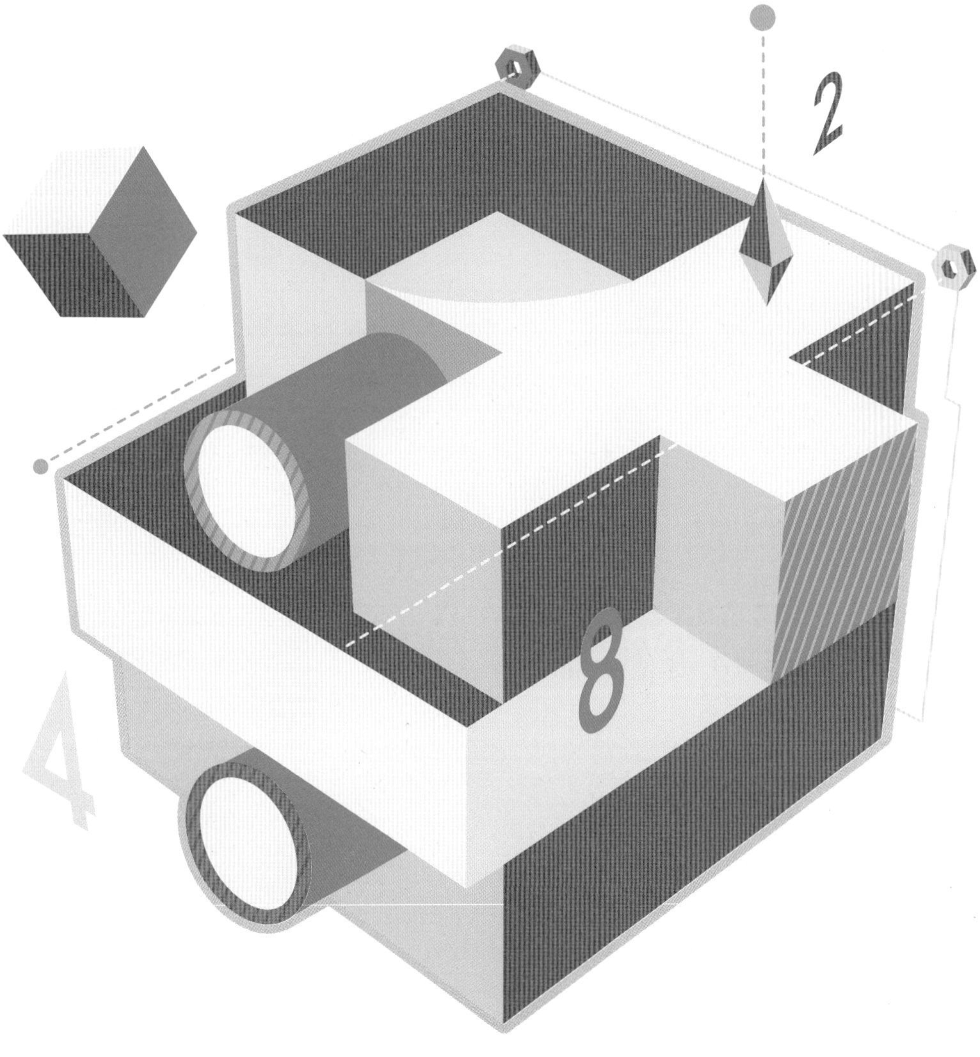

6세 1호

이 책의 구성과 특징

생각의 힘을 키우는 사고(思考)셈은 1주 4개, 8주 32개의 사고력 유형 학습을 통해 수와 연산에 대한 개념의 응용력(추론 및 문제해결능력)을 키울 수 있도록 하였습니다.

사고력 연산

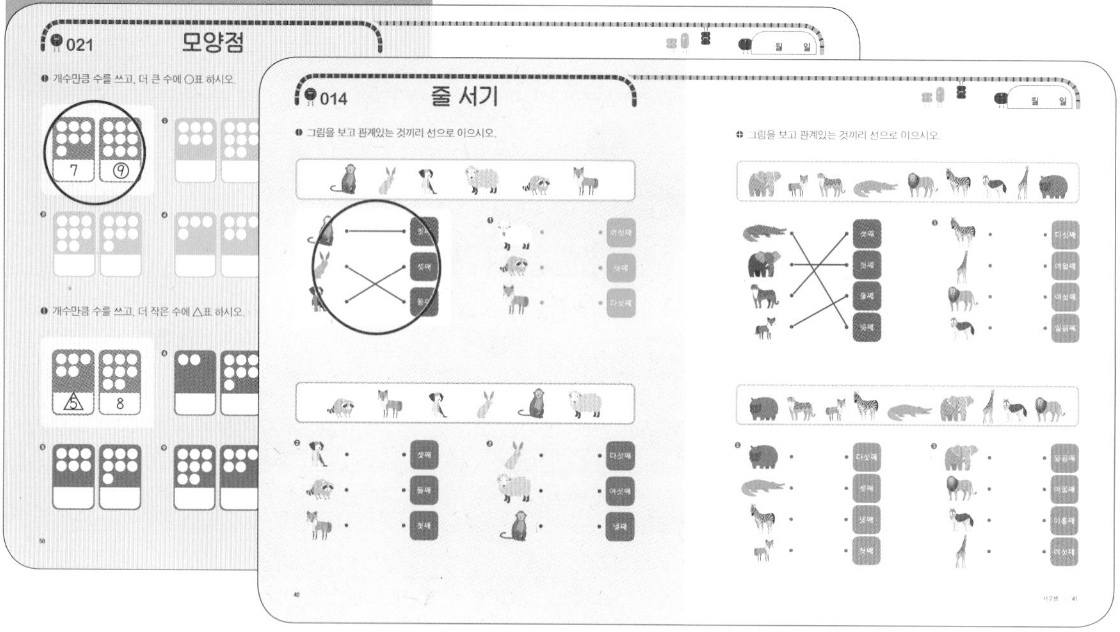

- 대표 사고력 유형으로 연산 원리를 쉽게쉽게
- 1~4일차: 다양한 유형의 주 진도 학습

잘 공부했는지 알아봅시다.

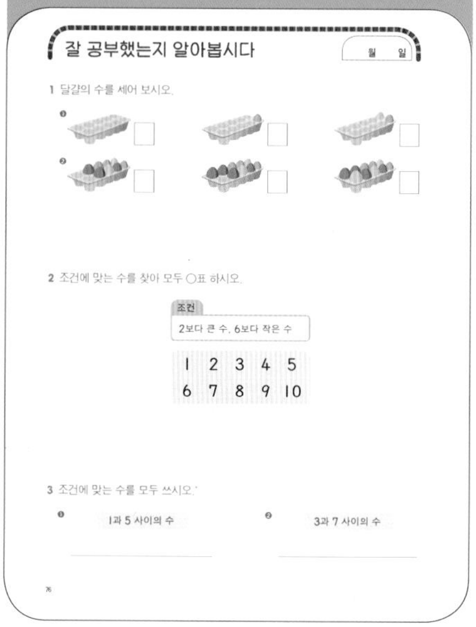

- 5일차 점검 학습: 주 진도 학습 확인

권두부록 (기본연산 Check-Book)

기본연산 Check-Book

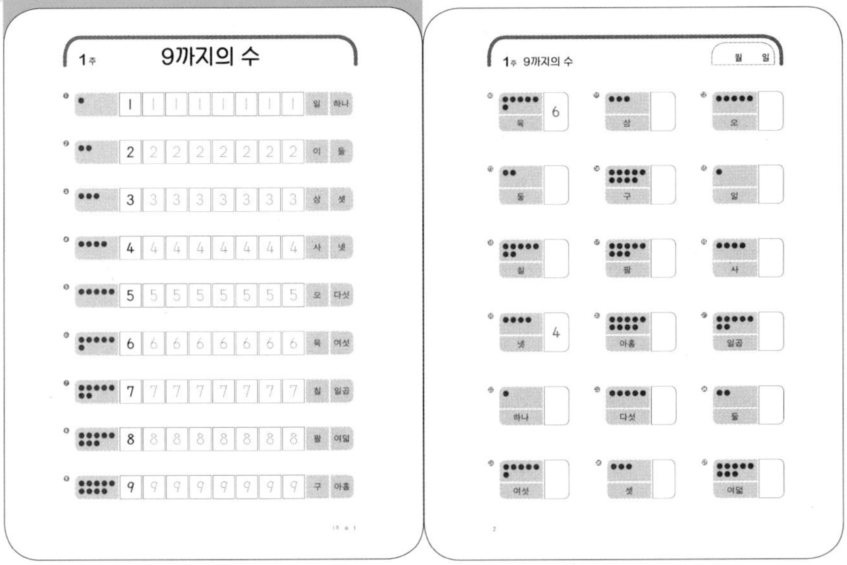

- 본 학습 전 기본연산 실력 진단

권말부록 (G-Book)

Guide Book(정답 및 해설)

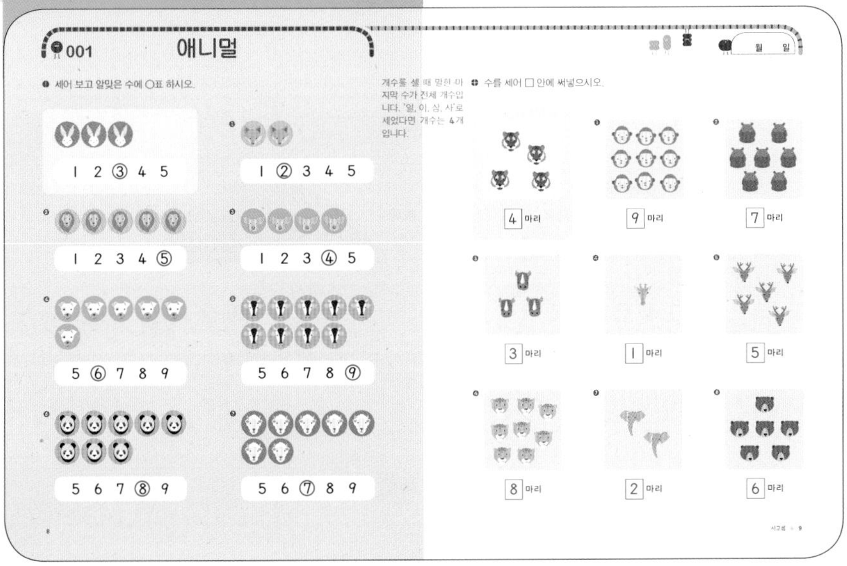

- 문제와 답을 한 눈에!
- 상세한 풀이와 친절한 해설, 답

학습 효과 및 활용법

학습 효과

- 수학적 사고력 향상
- 생각의 다양성 향상
- 스스로 생각을 만드는 직관 학습
- 추론능력, 문제해결력 향상
- 연산의 원리 이해
- 수·연산 영역 완벽 대비
- 다양한 유형으로 수 조작력 향상
- 진도 학습 및 점검 학습으로 연산 학습 완성

사고셈

주차별 활용법

1단계: 기본연산 Check-Book으로 준비 학습 → **2단계**: 사고력 유형으로 진도 학습 → **3단계**: 마무리 문제로 점검 학습

1단계 : 기본연산 Check-Book으로 사고력 연산을 위한 준비 학습을 합니다.

2단계 : 사고력 유형으로 사고력 연산의 진도 학습을 합니다.

3단계 : 한 주마다 점검 학습(잘 공부했는지 알아봅시다)으로 사고력 향상을 확인합니다.

학습 구성

6세

1호	10까지의 수
2호	더하기 빼기 1과 2
3호	합이 9까지인 덧셈
4호	한 자리 수의 뺄셈과 세 수의 계산

7세

1호	한 자리 수의 덧셈과 뺄셈
2호	10 만들기
3호	50까지의 수
4호	더하기 빼기 1과 2, 10과 20

초등 1

1호	덧셈구구
2호	뺄셈구구와 덧셈, 뺄셈 혼합
3호	100까지의 수, 1000까지의 수
4호	받아올림, 받아내림 없는 두 자리 수의 계산

초등 2

1호	두 자리 수와 한 자리 수의 덧셈과 뺄셈
2호	두 자리 수의 덧셈과 뺄셈
3호	곱셈구구
4호	곱셈과 나눗셈 구구

초등 3

1호	세·네 자리 수의 덧셈과 뺄셈5
2호	분수와 소수의 기초
3호	두 자리 수의 곱셈과 나눗셈
4호	분수

초등 4

1호	분수의 덧셈과 뺄셈
2호	혼합 계산
3호	소수의 덧셈과 뺄셈
4호	어림하기

이 책의 학습 로드맵

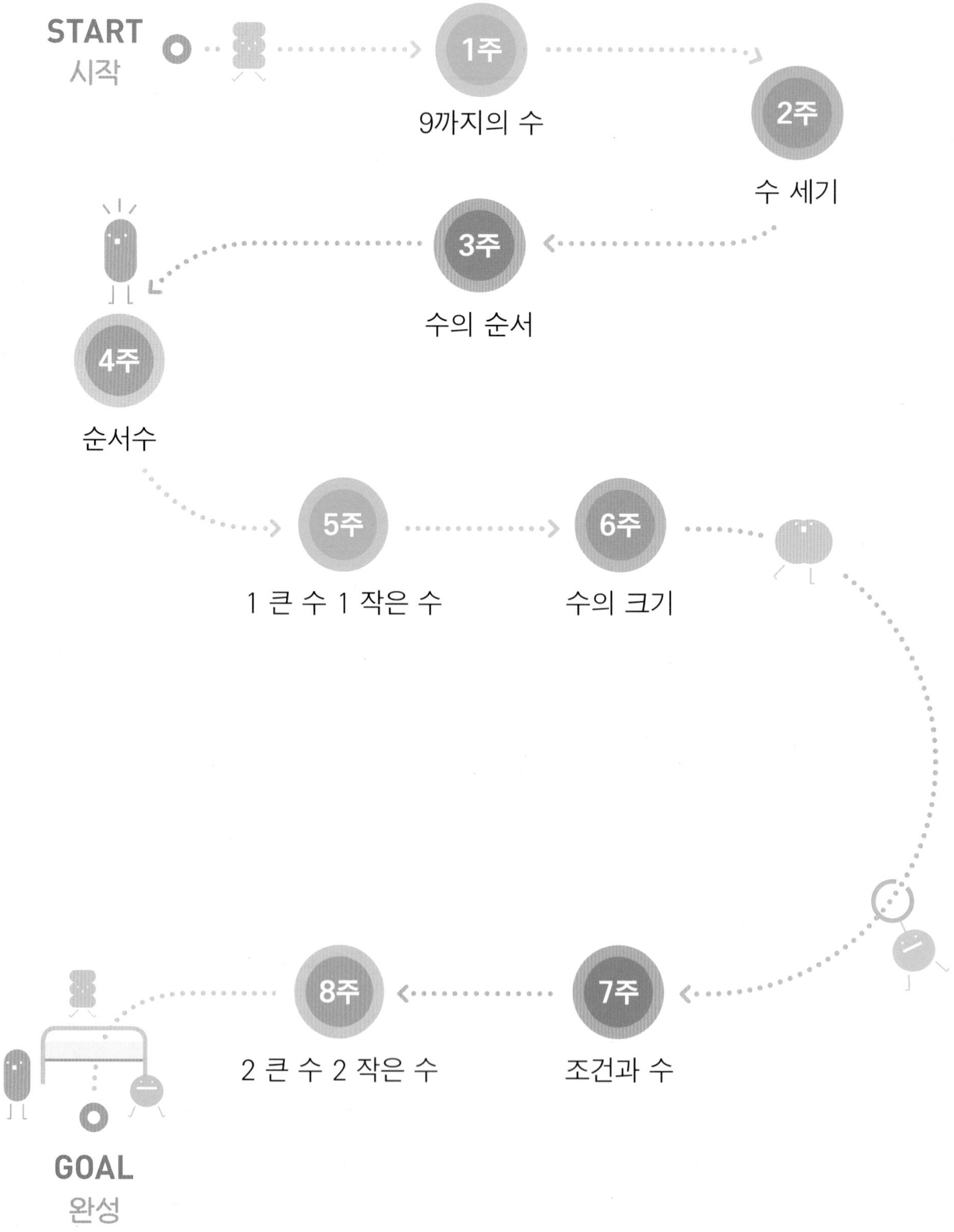
START
시작
1주
9까지의 수
2주
수 세기
3주
수의 순서
4주
순서수
5주
1 큰 수 1 작은 수
6주
수의 크기
7주
조건과 수
8주
2 큰 수 2 작은 수
GOAL
완성

1 9까지의 수

001 애니멀
002 사과
003 사탕과 쿠키
004 도넛

001 애니멀

◐ 세어 보고 알맞은 수에 ○표 하시오.

1 2 ③ 4 5

❶

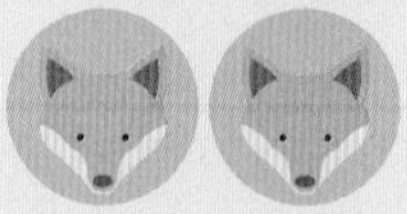

1 2 3 4 5

❷

1 2 3 4 5

❸

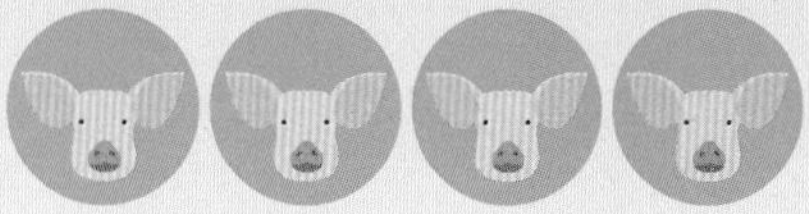

1 2 3 4 5

❹

5 6 7 8 9

❺

5 6 7 8 9

❻

5 6 7 8 9

❼

5 6 7 8 9

수를 세어 □ 안에 써넣으시오.

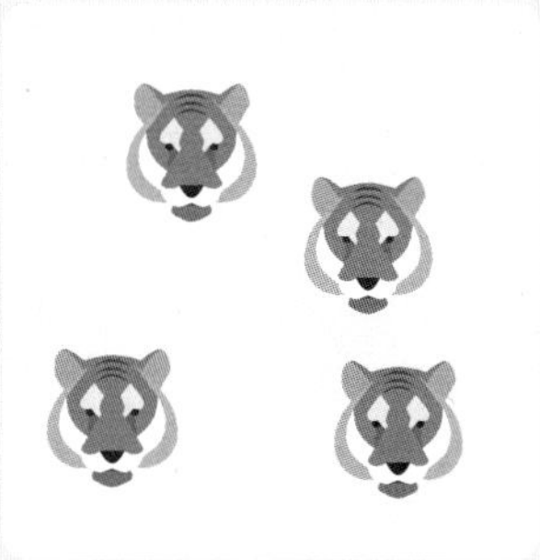

4 마리

❶

□ 마리

❷

□ 마리

❸

□ 마리

❹

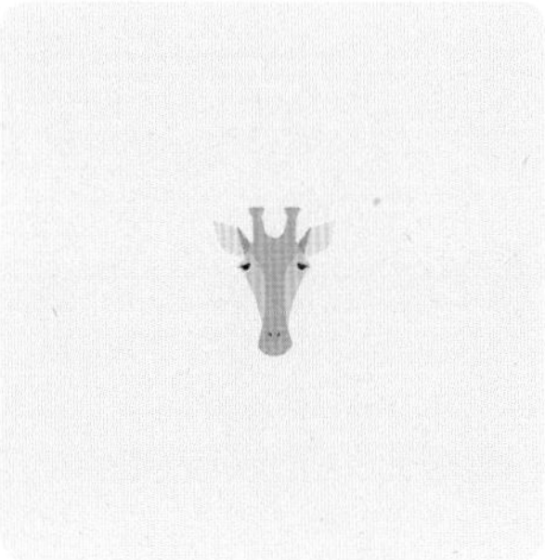

□ 마리

❺

□ 마리

❻

□ 마리

❼

□ 마리

❽

□ 마리

002 사과

◐ 주어진 수만큼 🍎 안에 색칠하시오.

1
(일, 하나)

❶ 2
(이, 둘)

❷ 7
(칠, 일곱)

❸ 6
(육, 여섯)

❹ 3
(삼, 셋)

❺ 8
(팔, 여덟)

❻ 9
(구, 아홉)

❼ 5
(오, 다섯)

주어진 수만큼 ⬭를 그려 🍎를 묶으시오.

3	삼(셋)

❶

8	팔(여덟)

❷

2	이(둘)

❸

7	칠(일곱)

❹

5	오(다섯)

❺

9	구(아홉)

❻

4	사(넷)

❼

1	일(하나)

❽

6	육(여섯)

003 사탕과 쿠키

◐ 세어 보고, 알맞은 수를 □ 안에 써넣고, 바르게 읽은 것에 ○표 하시오.

2

하나 셋 (둘) 다섯

❶

넷 일곱 여섯 다섯

❷

일곱 둘 아홉 여덟

❸

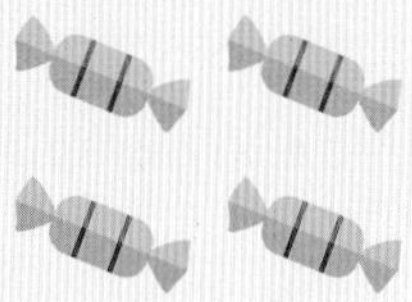

하나 넷 여섯 다섯

❹

셋 하나 아홉 다섯

❺

일곱 셋 아홉 여섯

❻

하나 둘 아홉 다섯

❼

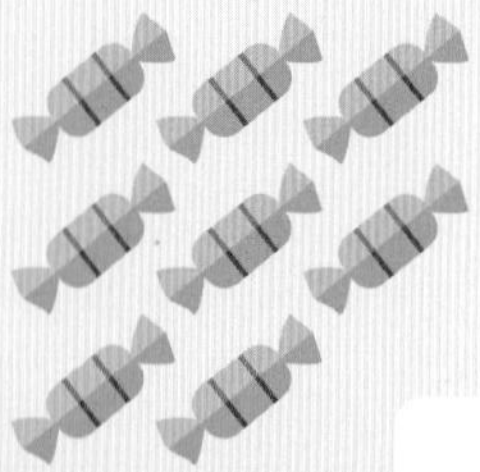

넷 여덟 여섯 다섯

❽

다섯 둘 아홉 여섯

세어 보고, 관계있는 것에 모두 ○표 하시오.

6	여섯
8	(일곱)
(7)	여덟

❶

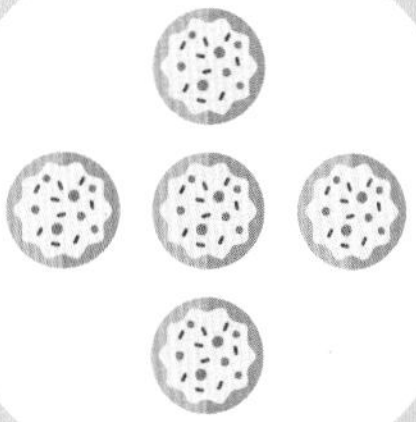

4	다섯
5	넷
6	여섯

❷

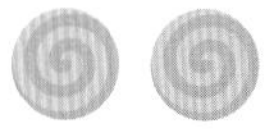

1	셋
2	둘
3	하나

❸

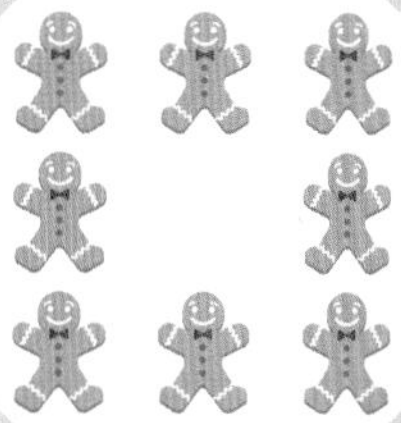

9	여덟
8	일곱
7	아홉

❹

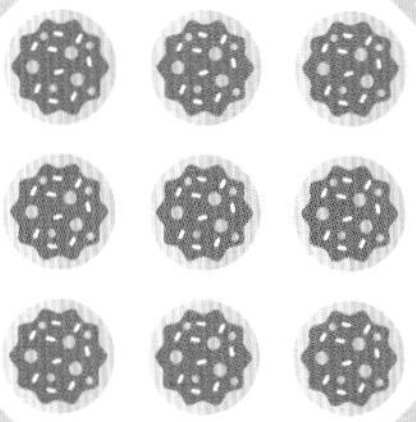

5	다섯
7	일곱
9	아홉

❺

1	다섯
3	셋
5	하나

❻

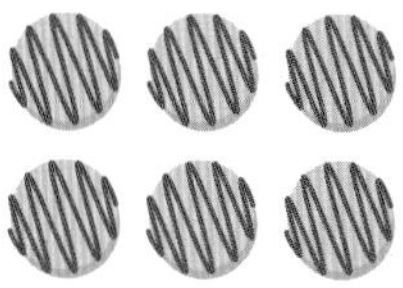

4	넷
6	여섯
8	여덟

❼

4	여섯
6	넷
9	아홉

004 도넛

◐ 관계있는 것끼리 선으로 이으시오.

❶

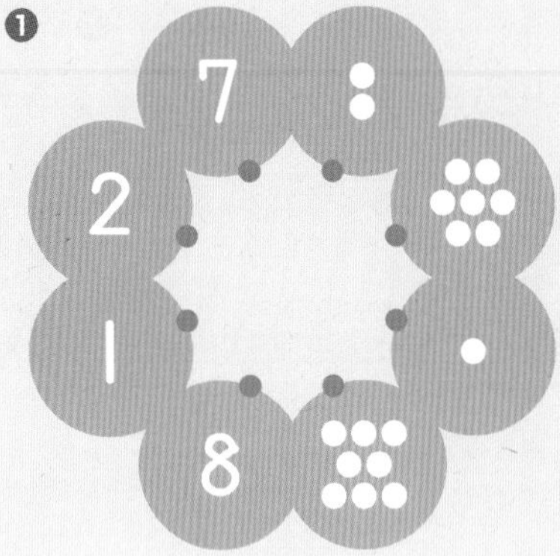

❷

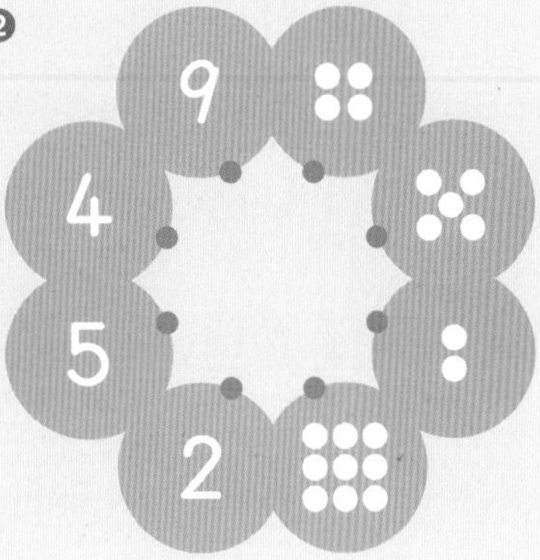

❸

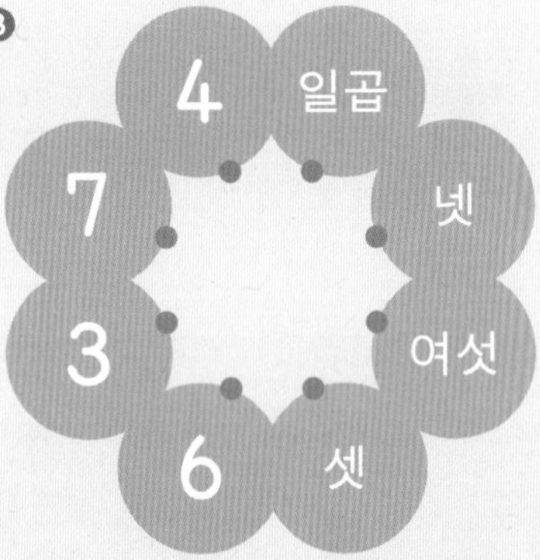

❹

❺

❻

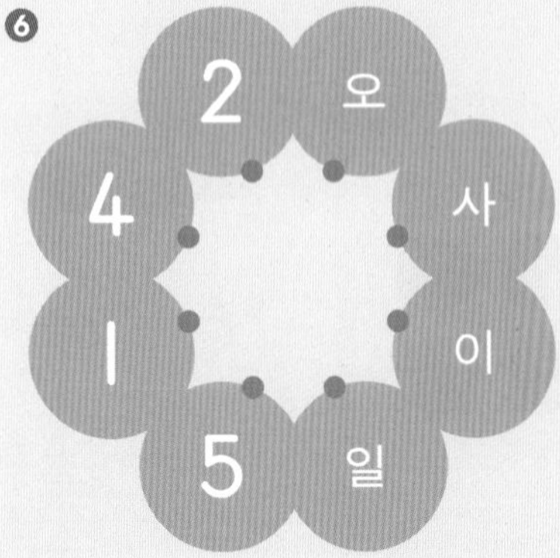

❼

❽

가운데 수와 관계없는 것에 ×표 하시오.

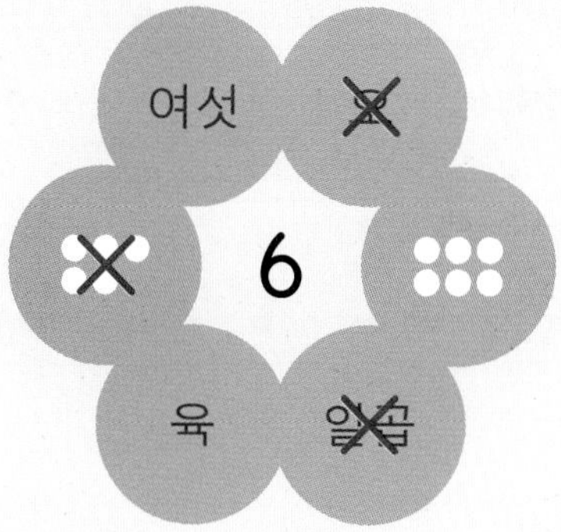

❶

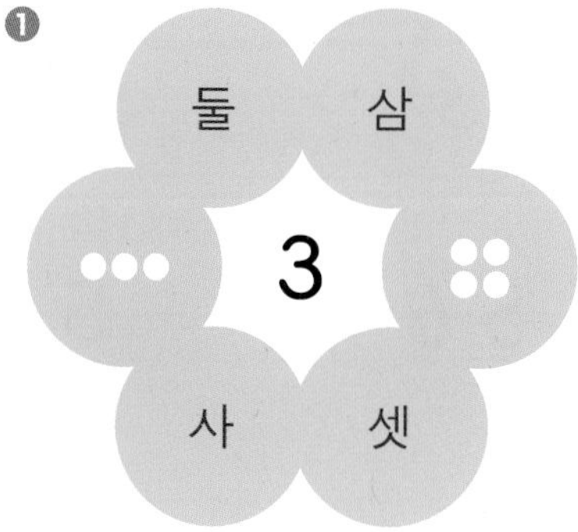

❷

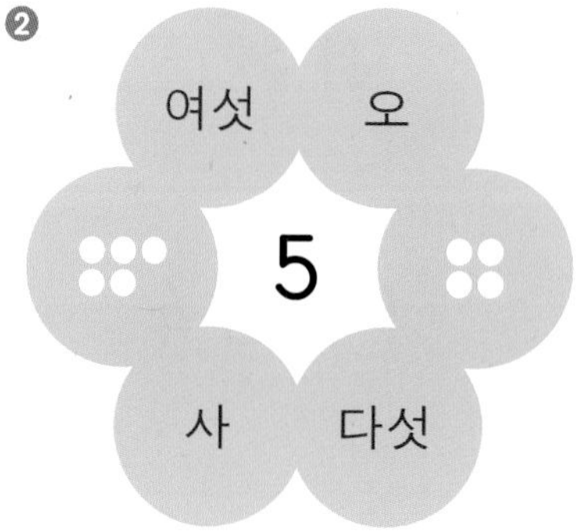

❸

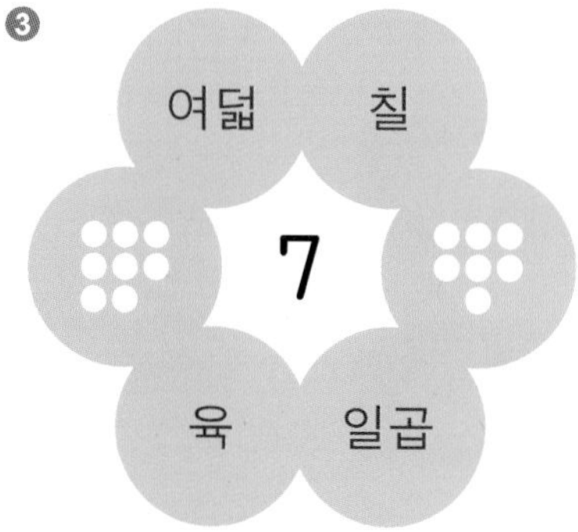

❹

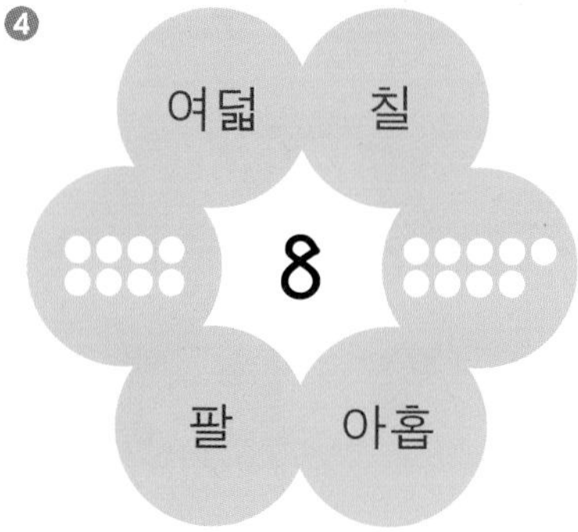

❺

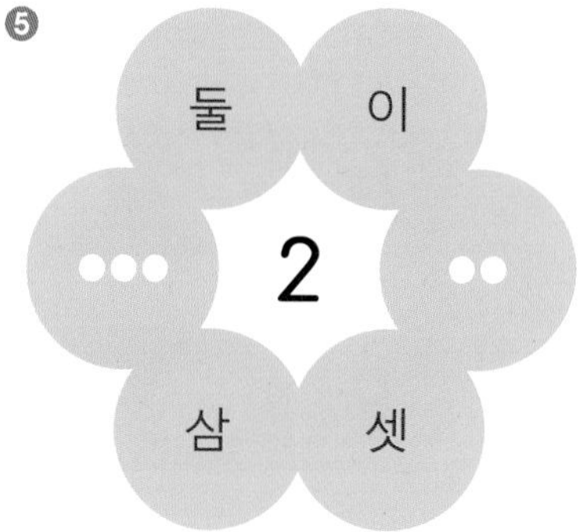

❻

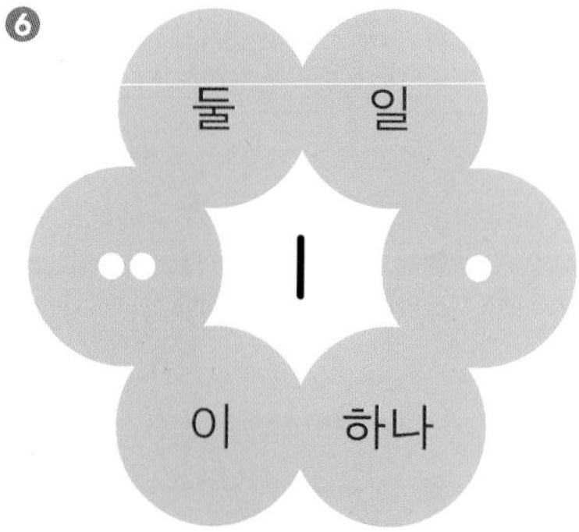

❼

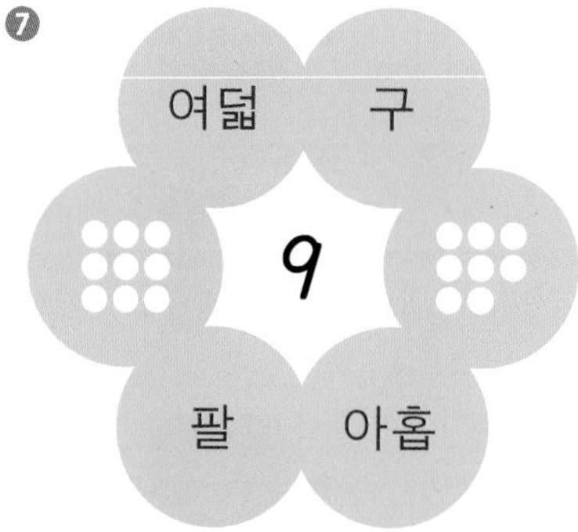

❽

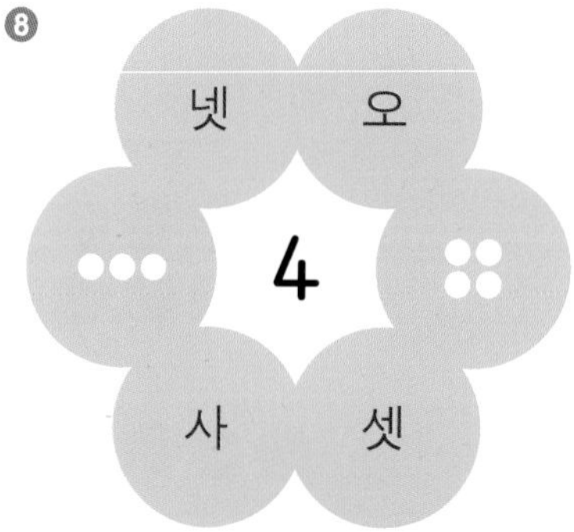

잘 공부했는지 알아봅시다

월 일

1 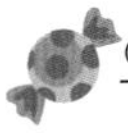의 수를 세어 ○표 하시오.

❶
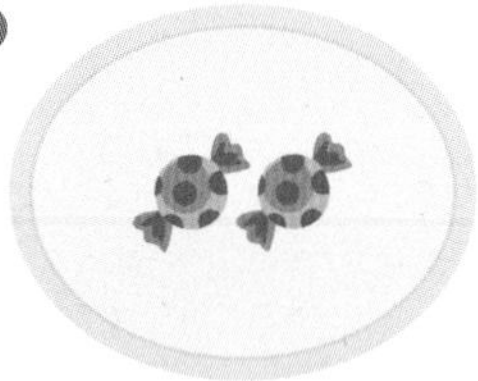
1 2 3 4

❷
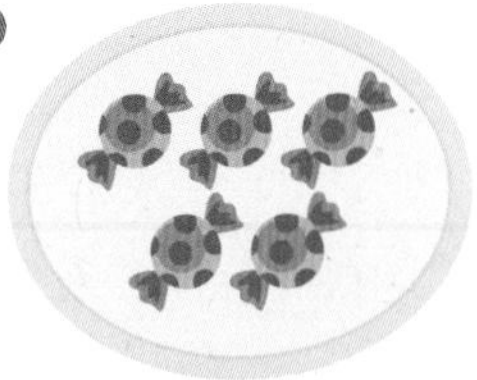
4 5 6 7

❸
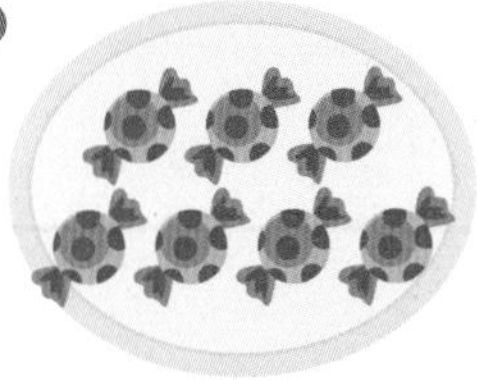
5 6 7 8

❹
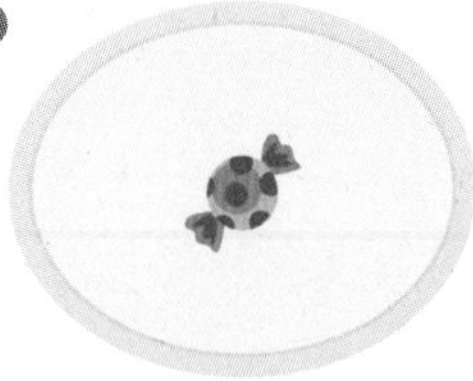
1 2 3 4

2 수에 맞게 색칠하시오.

❶ 4 ○○○○○○○○○

❷ 6 ○○○○○○○○○

❸ 9 ○○○○○○○○○

3 관계있는 것끼리 선으로 이으시오.

 • • 5 • • 팔(여덟)

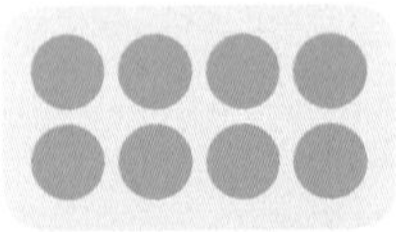 • • 3 • • 삼(셋)

 • • 8 • • 오(다섯)

2 수 세기

005 공

006 개미길

007 식스 도미노

008 모눈

005 공

◐ 몇 개입니까?

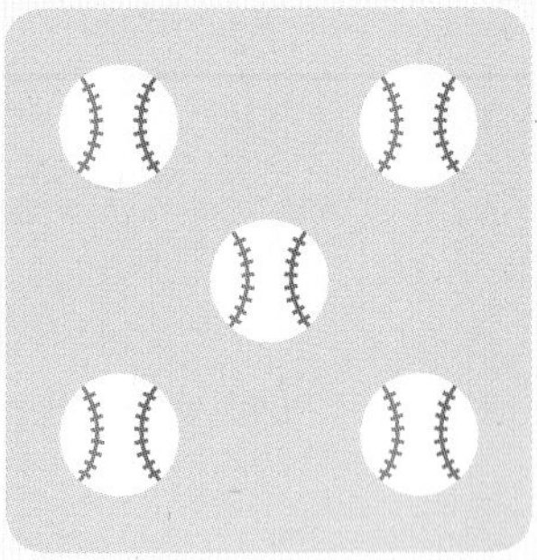

5 개

❶

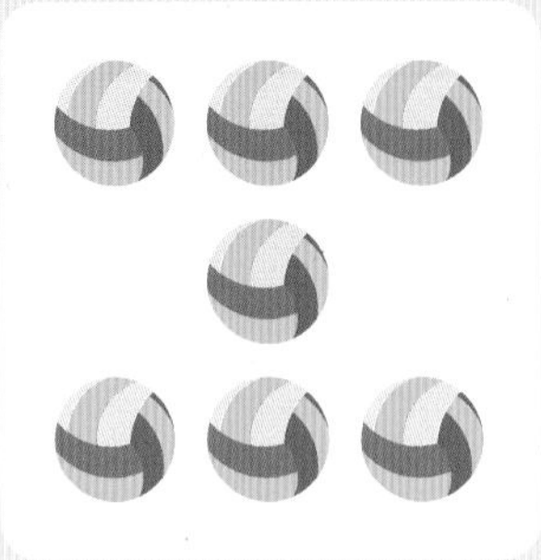

개

❷

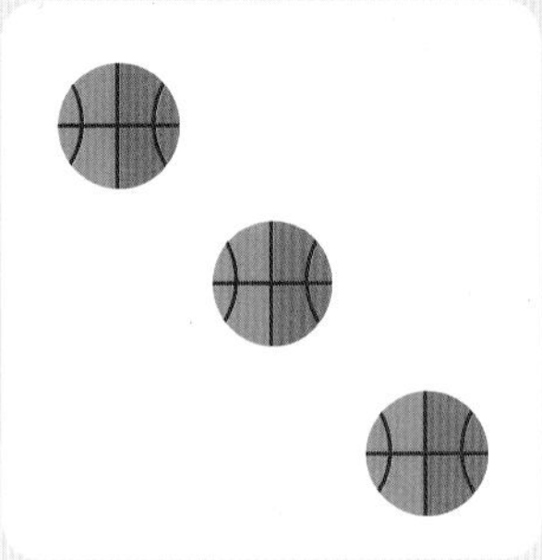

개

❸

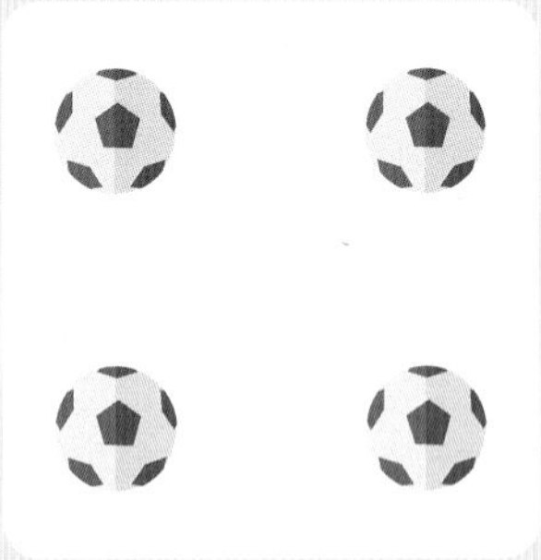

개

❹

개

❺

개

❻

개

❼

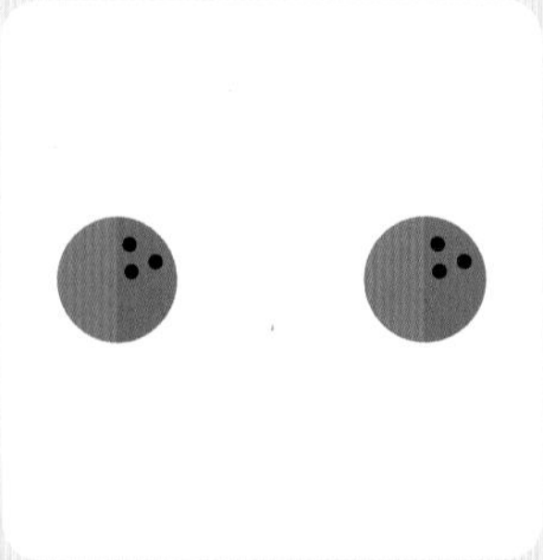

개

❽

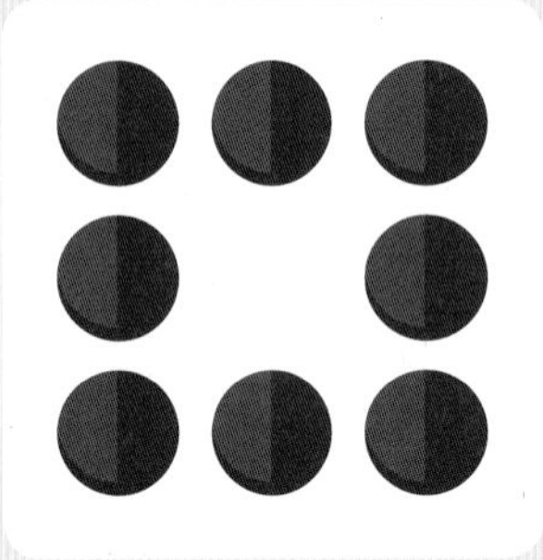

개

몇 개입니까?

❶

 : 7 개

 : 개

 : 개

 : 개

❷

 : 개

 : 개

 : 개

 : 개

006 개미길

◐ 개수에 맞게 길을 선으로 이으시오.

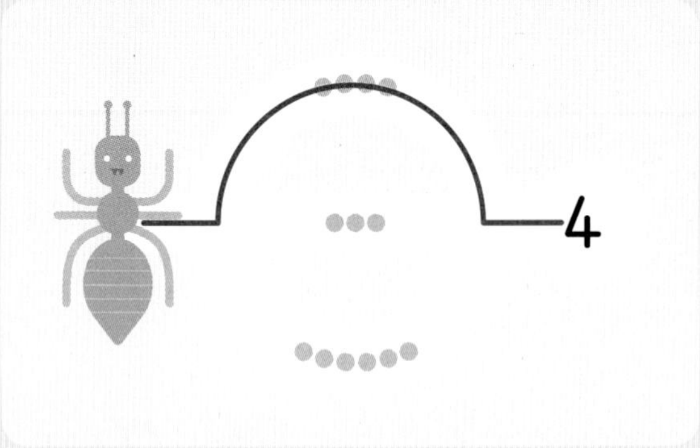

❶

❷

❸

❹

❺

❻

❼

⊕ 개수에 맞게 길을 선으로 이으시오.

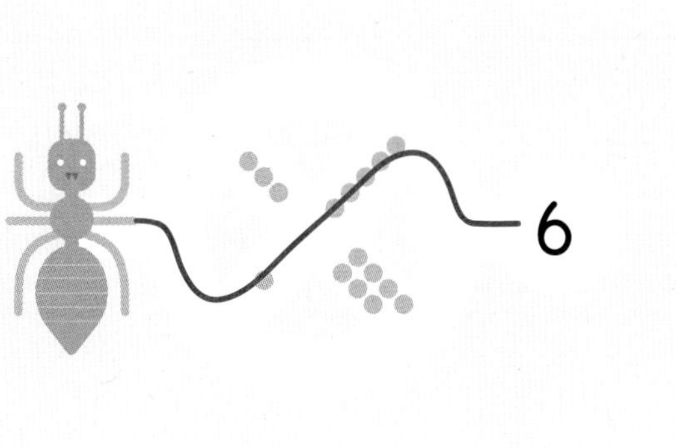

❶
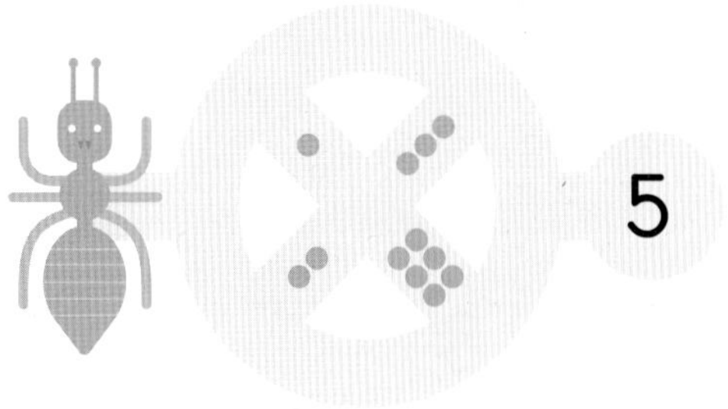

❷
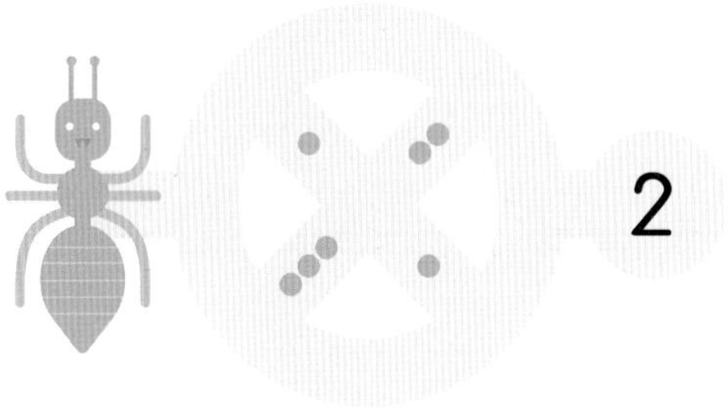

❸
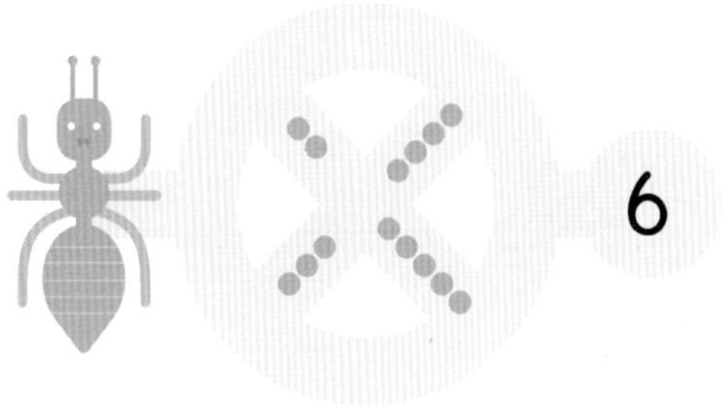

❹
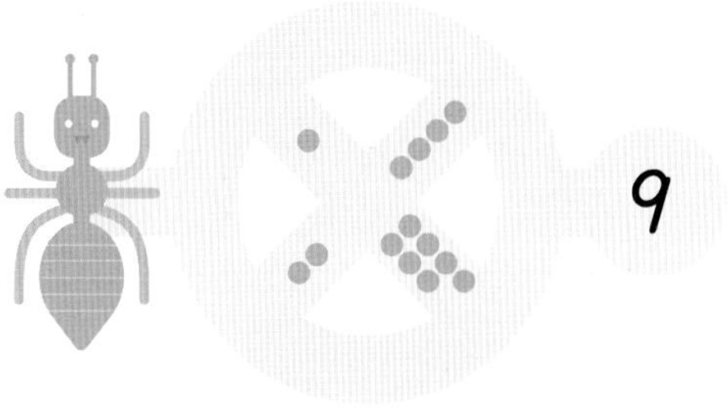

❺
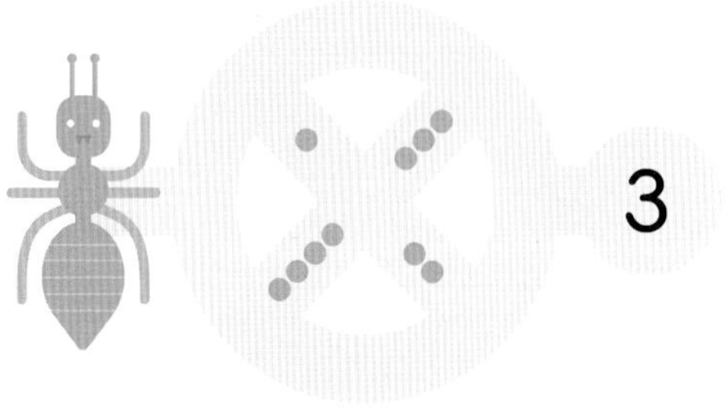

❻
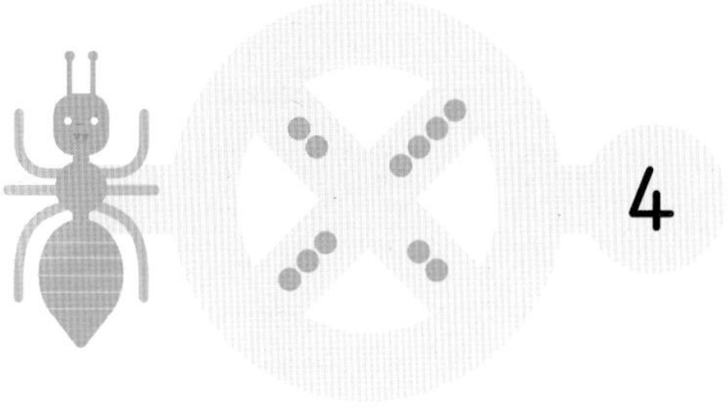

❼
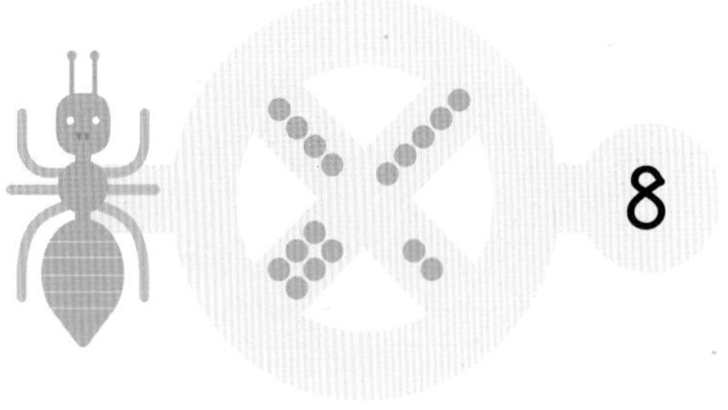

007 식스 도미노

◐ 점은 모두 몇 개입니까?

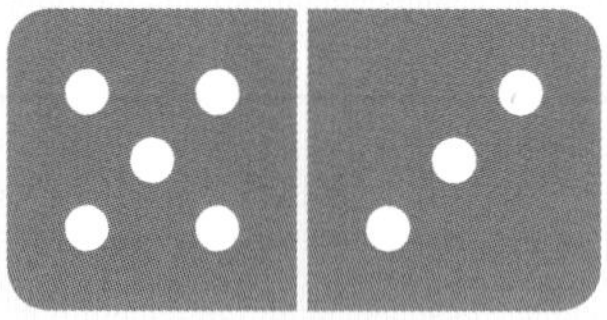

8 개

❶

개

❷

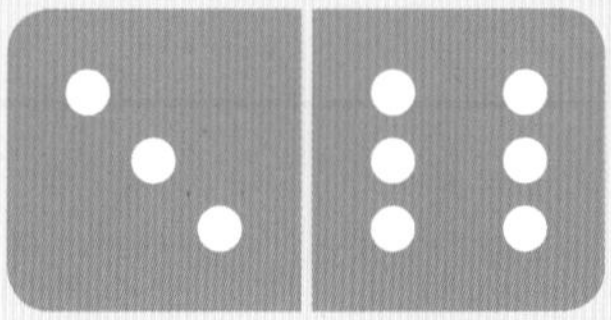

개

❸

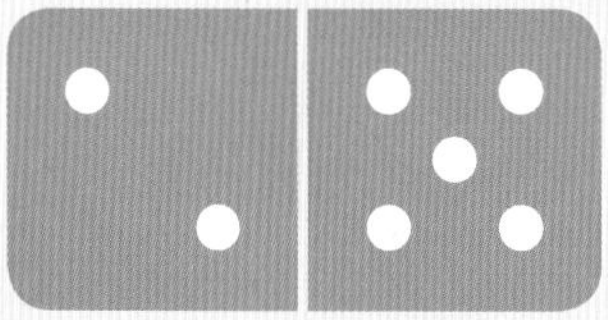

개

❹

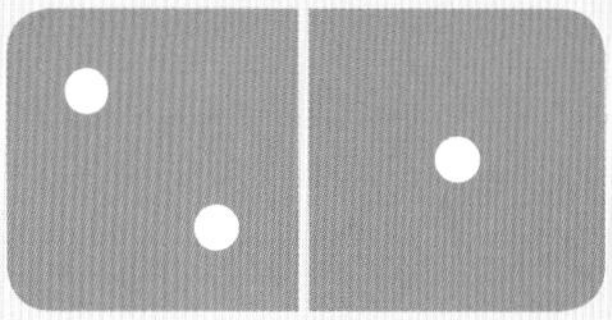

개

❺

개

❻

개

❼

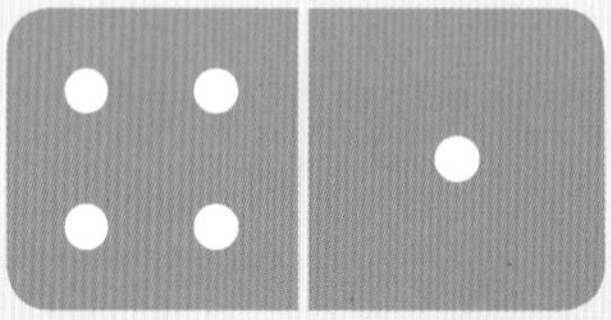

개

❽

개

❾

개

❿

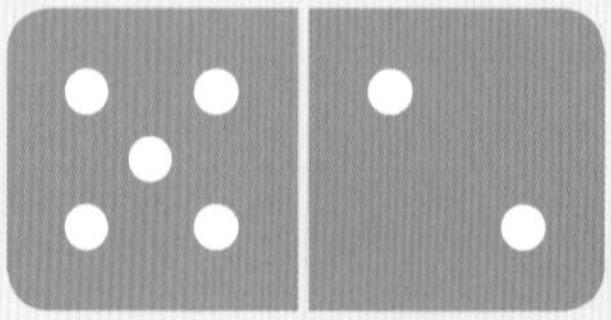

개

⓫

개

수에 맞게 오른쪽 칸에 ○를 그리시오.

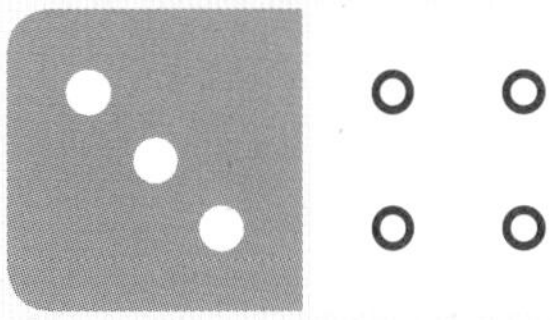

7

❶
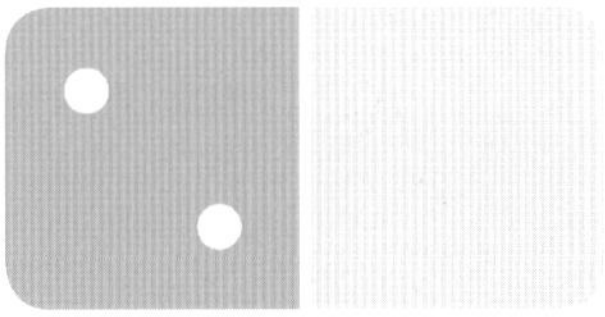

8

❷
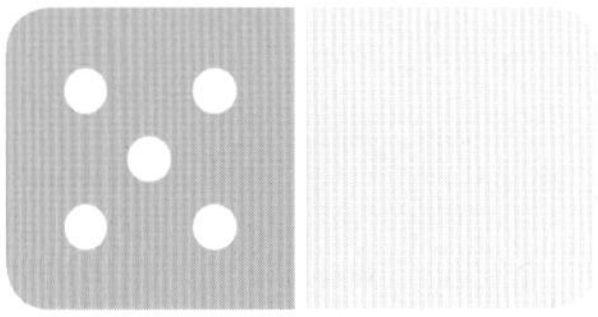

6

❸
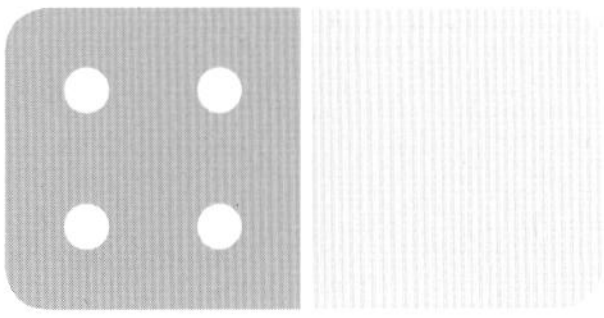

9

❹
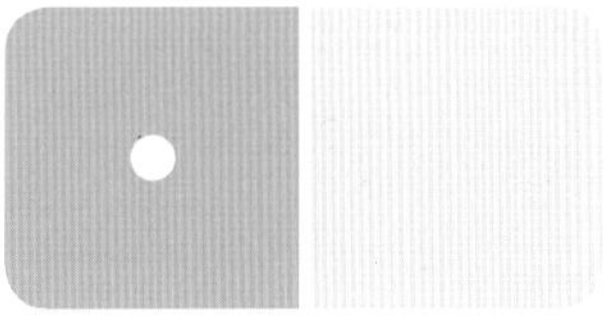

4

❺
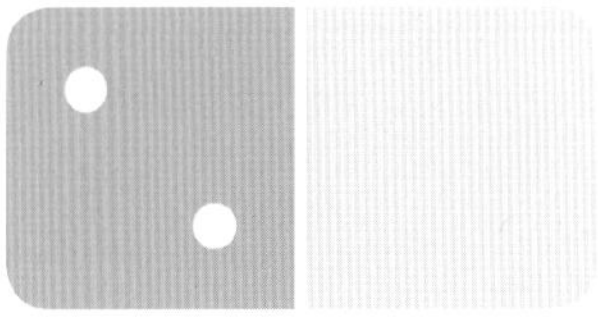

3

❻
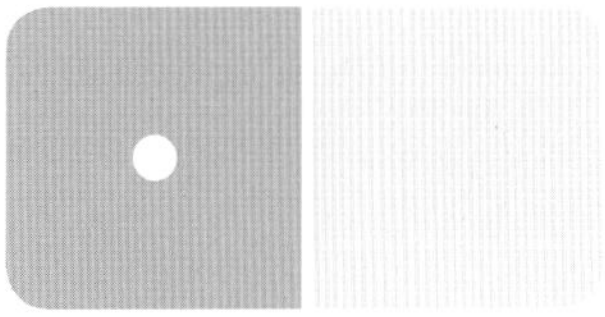

2

❼
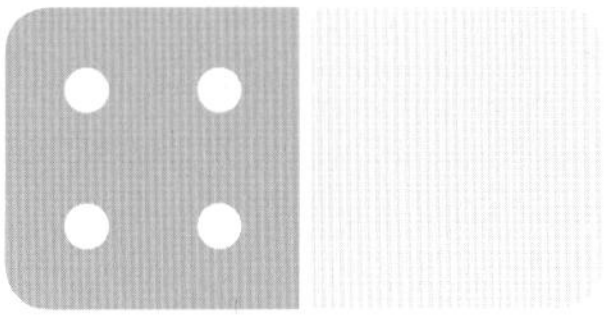

7

❽
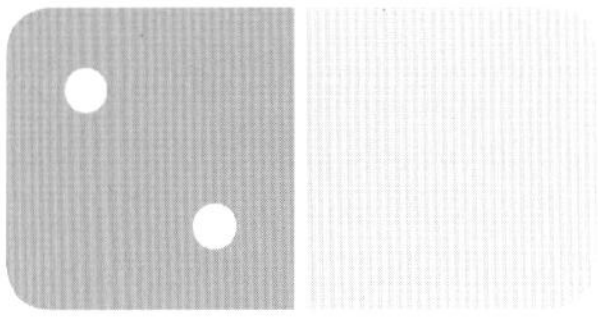

5

❾
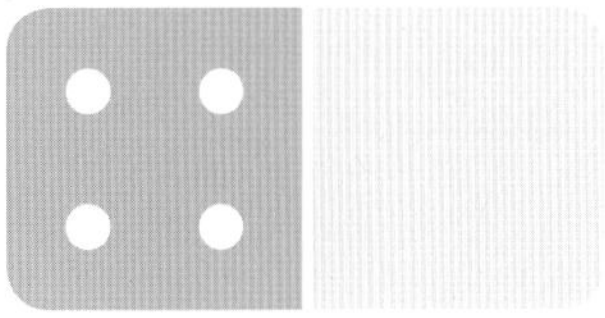

8

❿
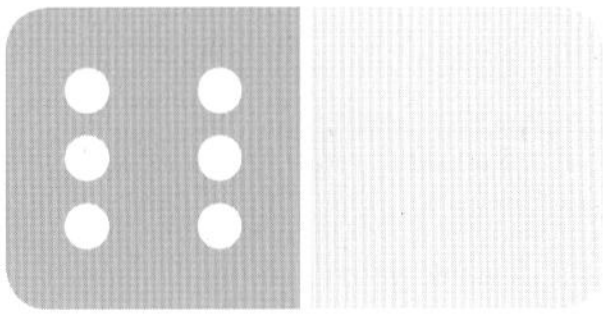

9

⓫
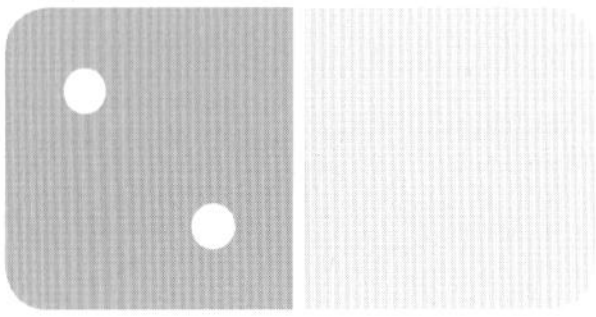

6

008 모눈

◐ 가로, 세로 한 칸의 길이는 1입니다. 선의 길이를 구하시오.

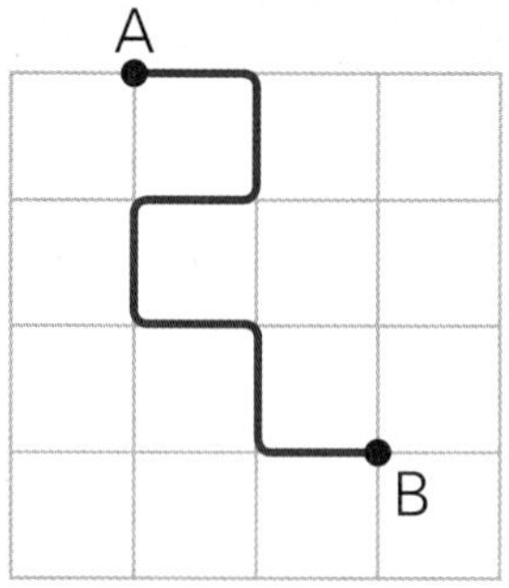

7

❶

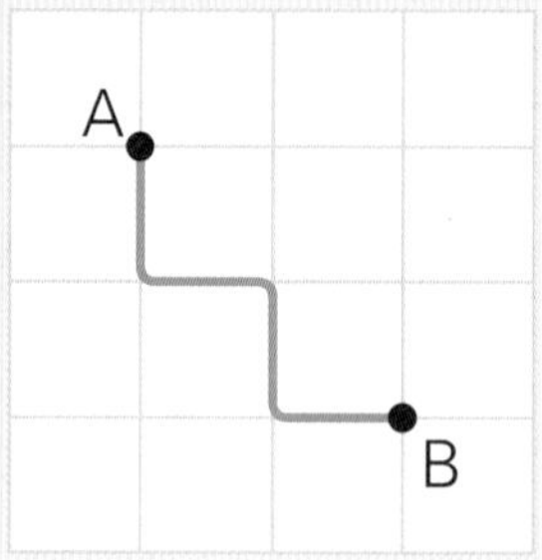

❷

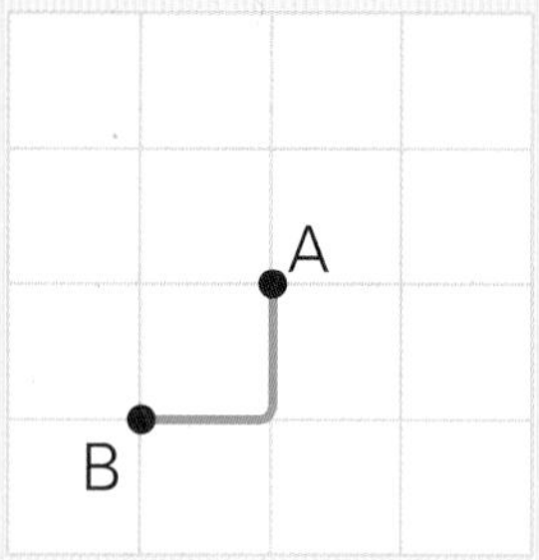

❸

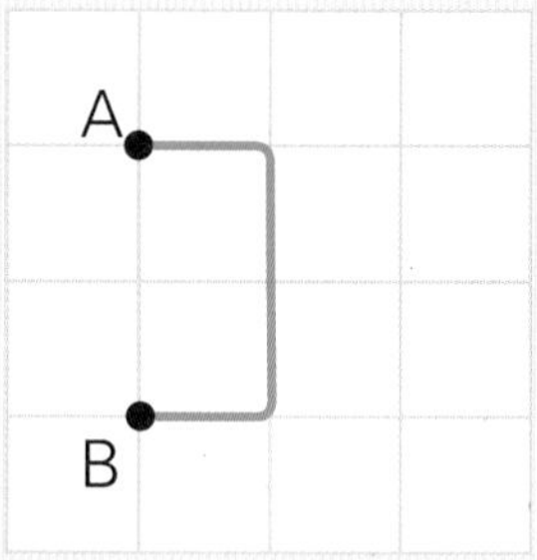

❹

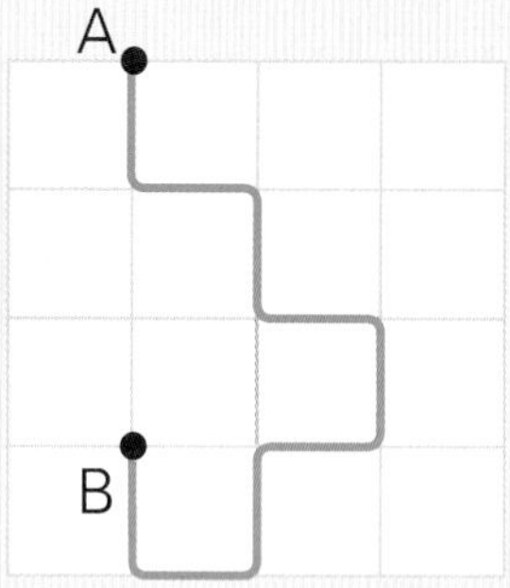

❺

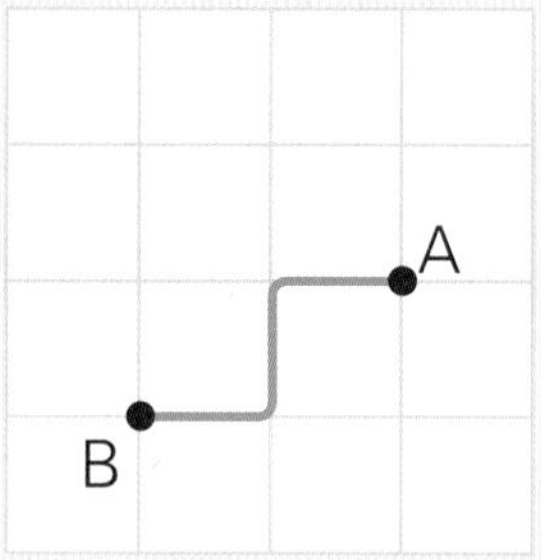

❻

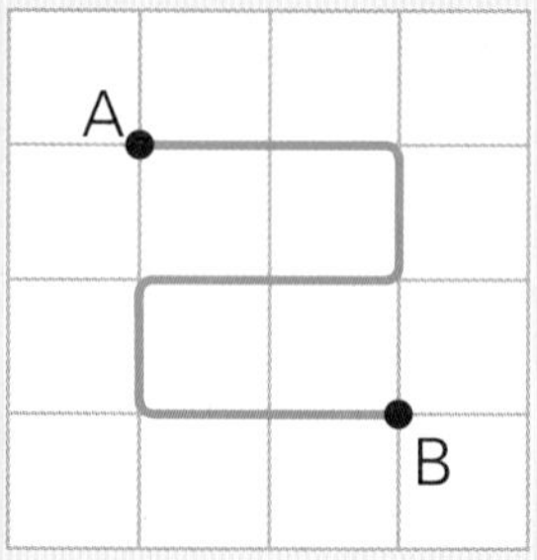

❼

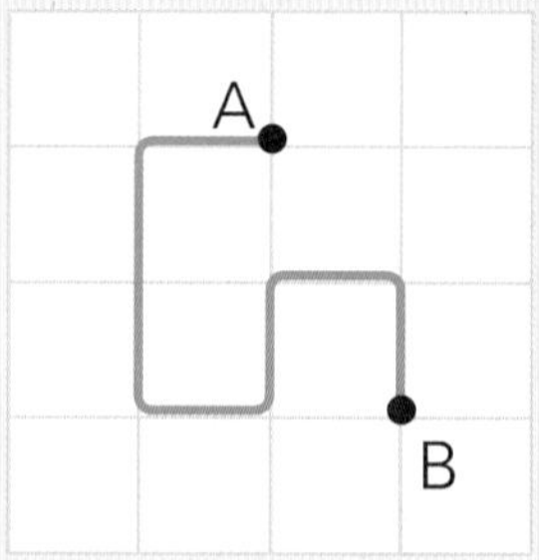

❽

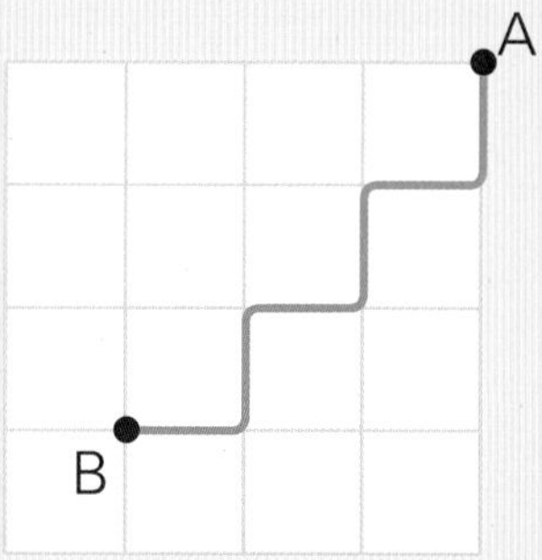

길이에 맞게 A와 B를 잇는 선을 그으시오.

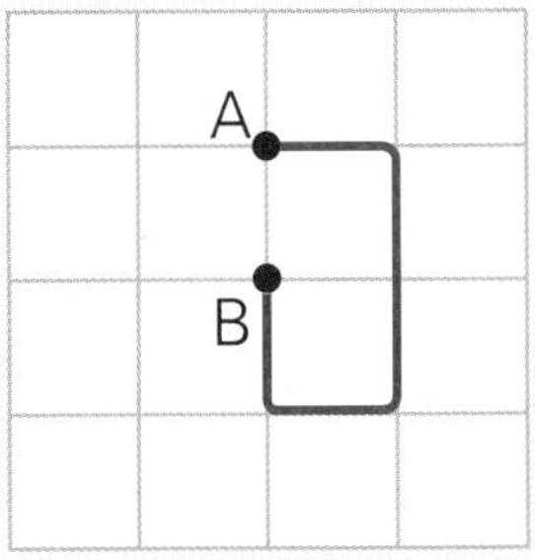

5

❶

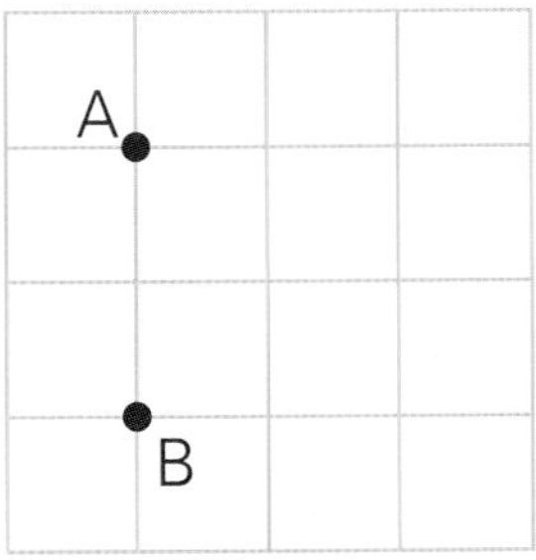

6

❷

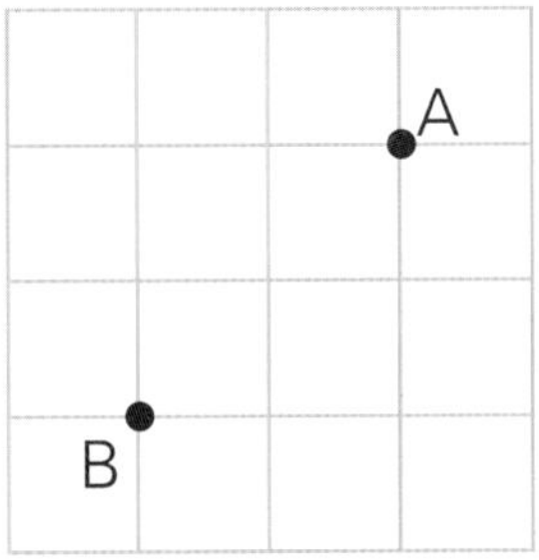

8

❸

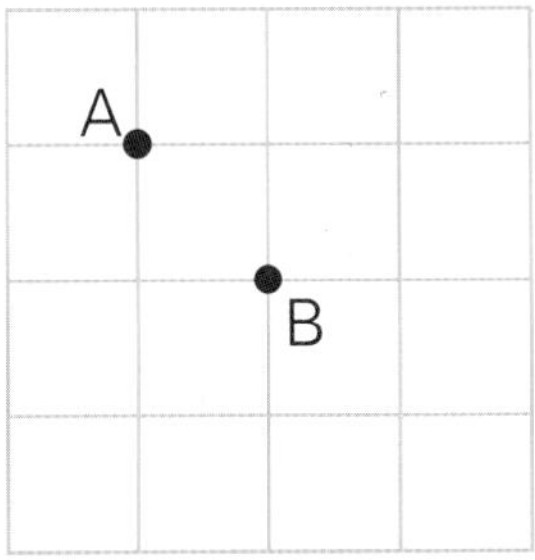

8

❹

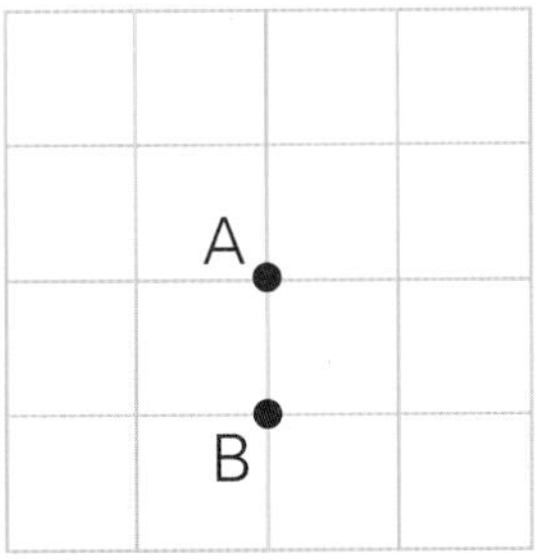

3

❺

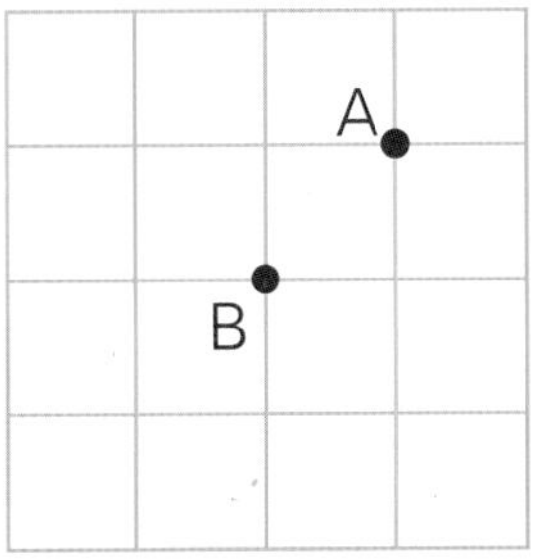

4

❻

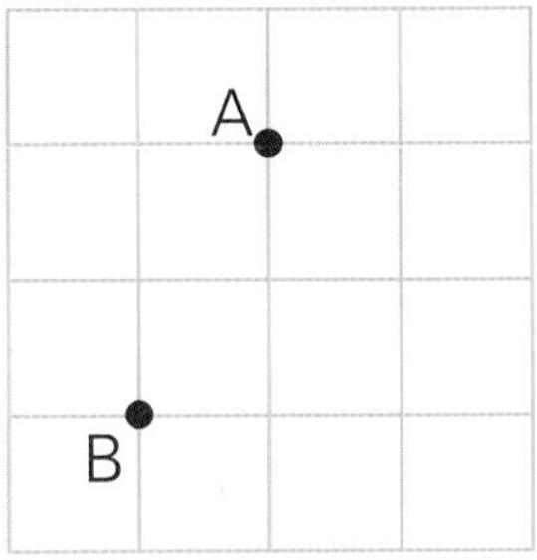

5

❼

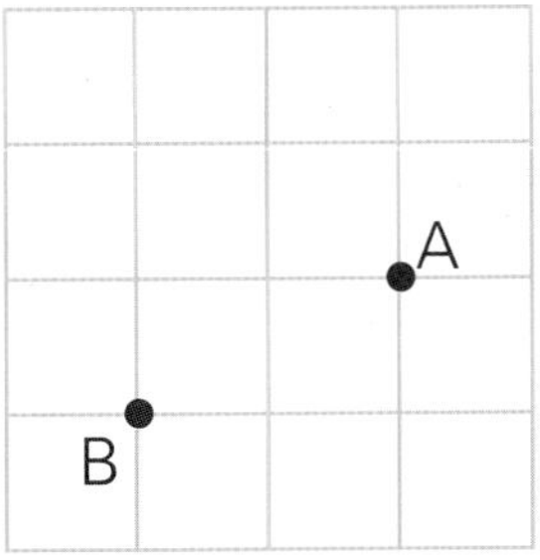

7

❽

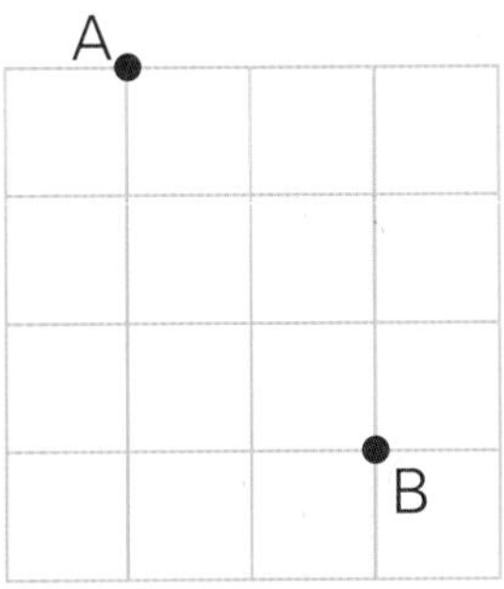

9

잘 공부했는지 알아봅시다

월 일

1 수를 세어 □ 안에 써 보시오.

❶

□ 마리

❷

□ 마리

❸

□ 마리

2 수에 맞게 도미노의 오른쪽 칸에 ○를 그리시오.

❶

9 개

❷
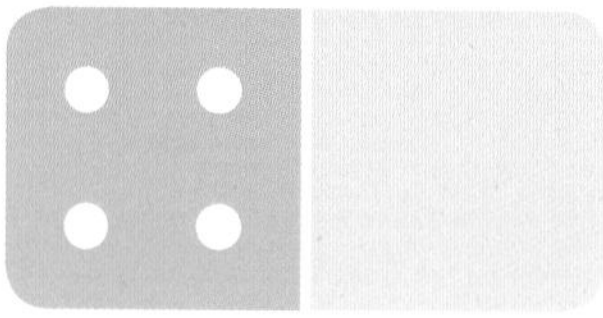

8 개

❸
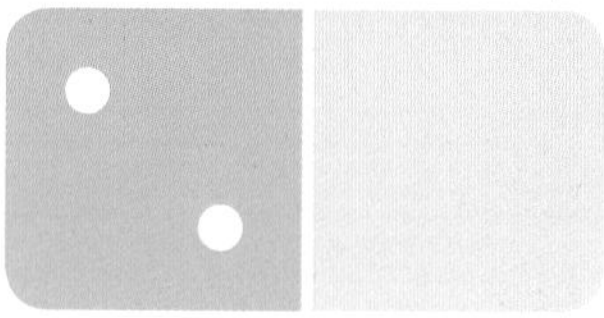

5 개

3 한 칸의 길이가 1입니다. 선의 길이를 구하시오.

❶
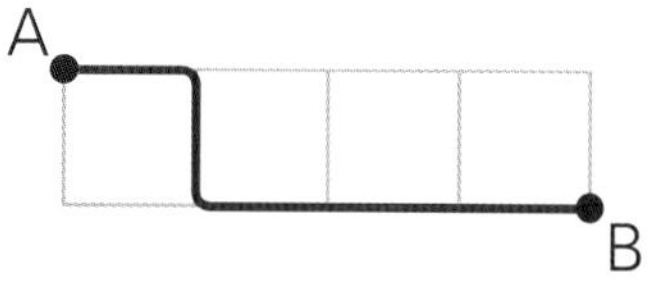

□

❷
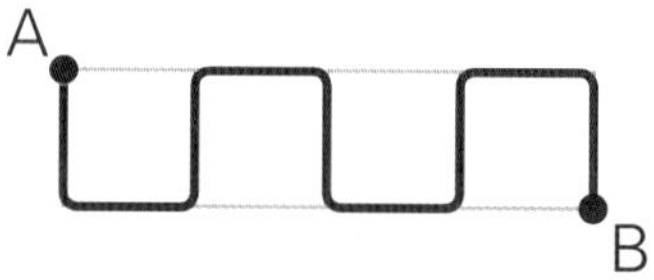

□

3 수의 순서

009 그림 완성

010 모양수 순서

011 볼넘버

012 순서 선잇기

그림 완성

◐ 작은 수부터 차례로 이으시오.

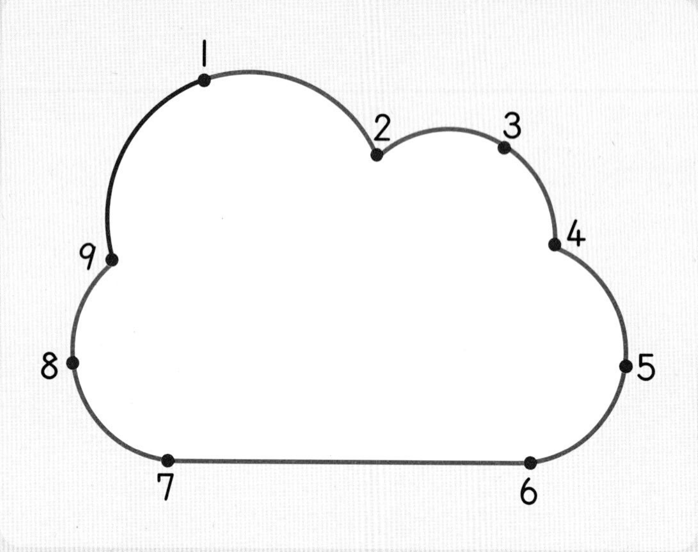

❶

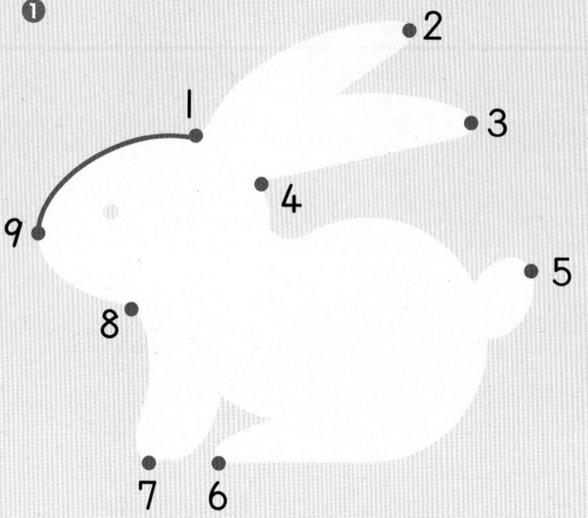

❷

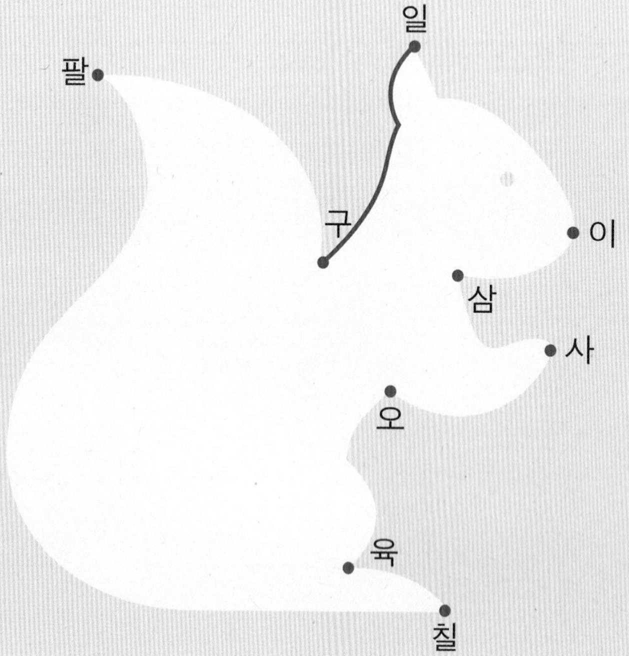

❸

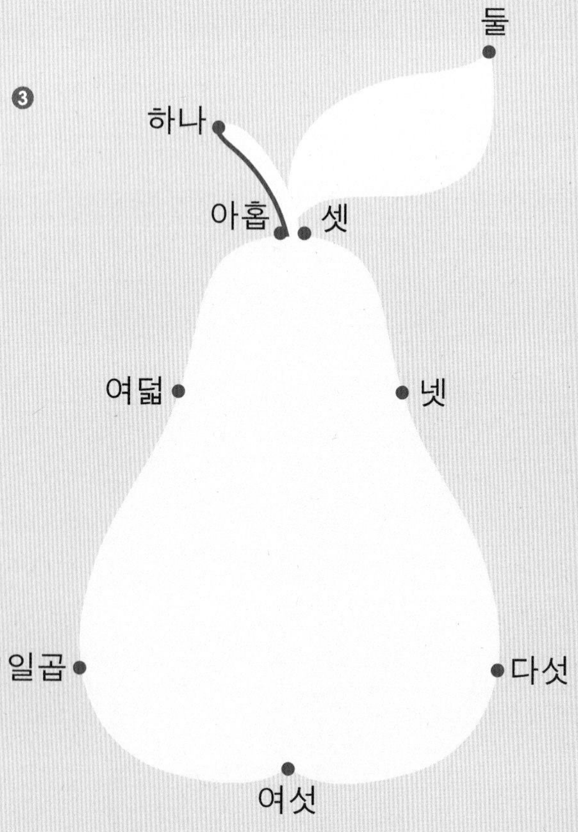

큰 수부터 차례로 이으시오.

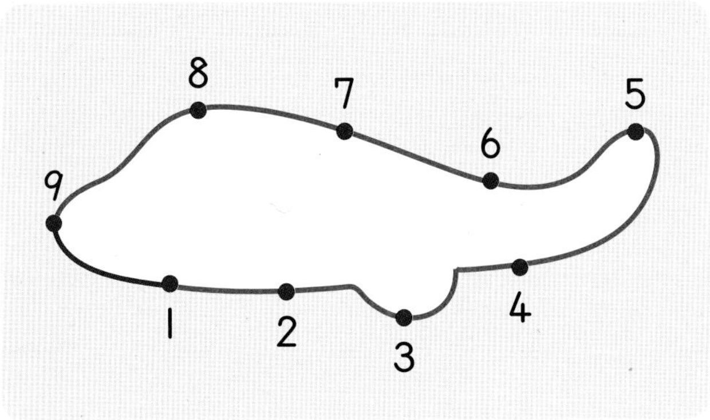

❶

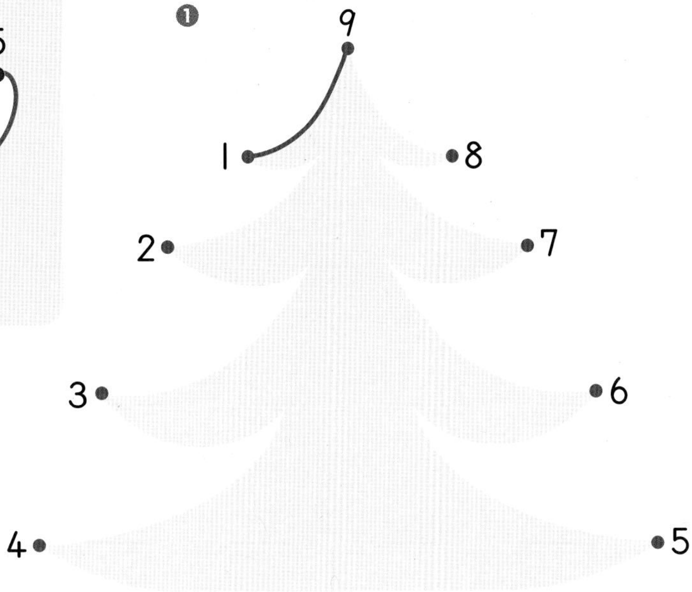

❷

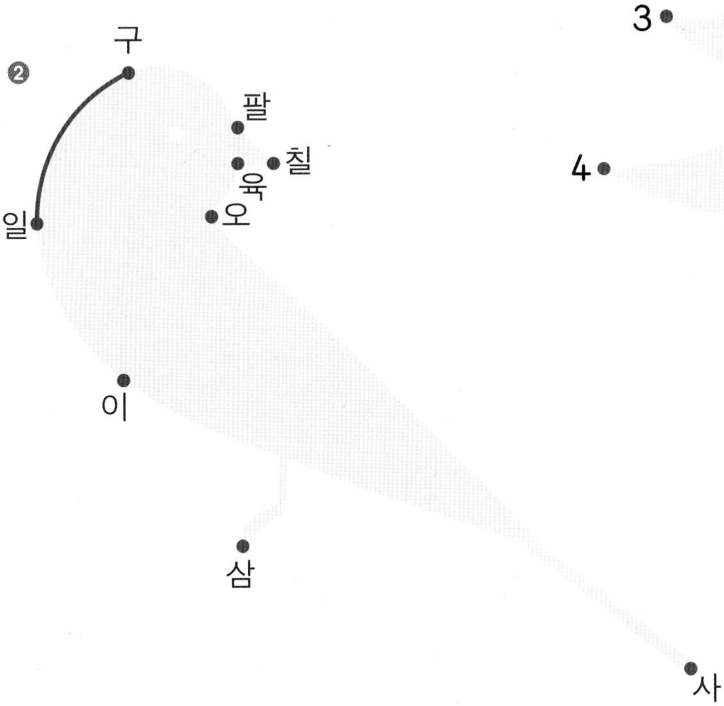

❸

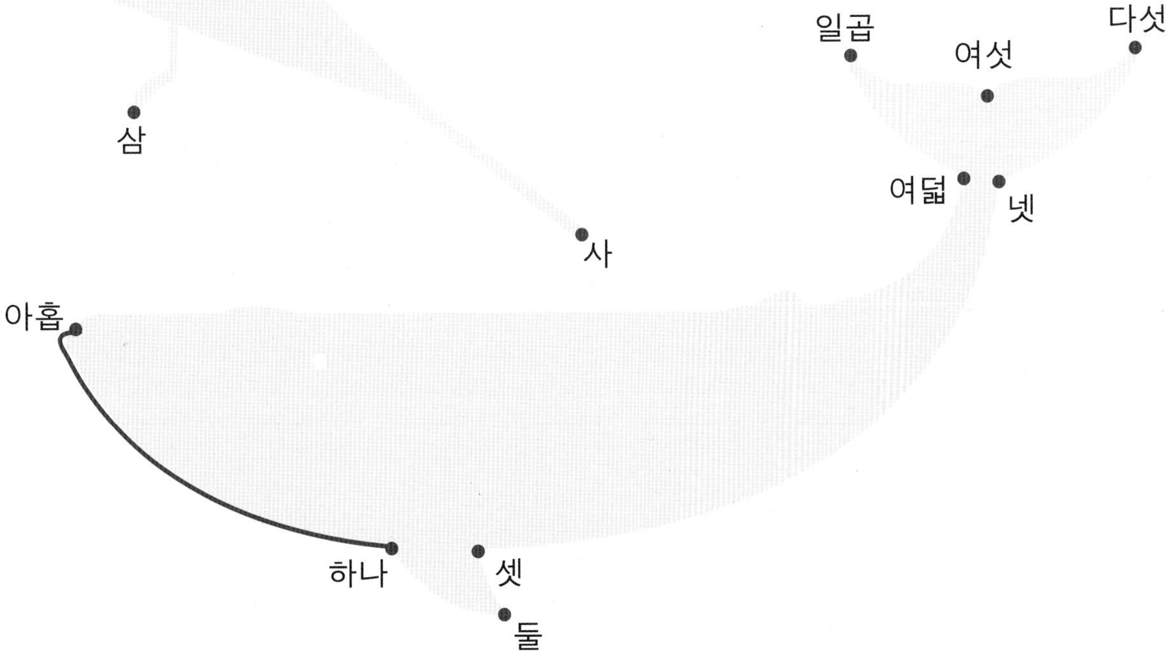

010 모양수 순서

◐ 작은 수부터 차례로 수를 써넣은 것입니다. 빈칸에 알맞은 수를 써넣으시오.

(보기) 7 — 8 — 9

❶ 5 — ( ) — 7

❷ 1 — ( ) — 3

❸ ( ) — 3 — 4

❹ 3 — 4 — ( )

❺ 6 — ( ) — 8

◐ 큰 수부터 차례로 수를 써넣은 것입니다. 빈칸에 알맞은 수를 써넣으시오.

(보기) 5 — 4 — 3

❻ 8 — ( ) — 6

❼ 4 — ( ) — 2

❽ ( ) — 5 — 4

❾ 3 — 2 — ( )

❿ 9 — ( ) — 7

빈칸에 알맞은 수를 써넣으시오.

6 — 5 — 4 — 3

❶ 5 — 6 — ( ) — ( )

❷ ( ) — ( ) — 4 — 5

❸ ( ) — 8 — 7 — ( )

❹ 1 — ( ) — 3 — ( )

❺ ( ) — ( ) — 7 — 6

❻ 9 — 8 — ( ) — ( )

❼ 2 — ( ) — ( ) — 5

❽ ( ) — 4 — ( ) — 6

❾ 4 — 3 — ( ) — ( )

❿ ( ) — ( ) — 5 — 6

⓫ ( ) — 5 — 4 — ( )

011 볼넘버

◐ 작은 수부터 순서에 맞게 쓴 것입니다. 잘못 들어간 수에 ×표 하시오.

(예) 5 6 ~~8~~ 7 8

❶ 2 6 3 4 5

❷ 4 8 5 6 7

❸ 1 2 5 3 4

❹ 3 4 5 7 6

❺ 5 6 7 4 8

◐ 큰 수부터 순서에 맞게 쓴 것입니다. 잘못 들어간 수에 ×표 하시오.

(예) 9 ~~5~~ 8 7 6

❻ 5 4 3 7 2

❼ 6 5 1 4 3

❽ 8 7 9 6 5

❾ 7 6 5 8 4

❿ 9 5 8 7 6

◆ 공에 쓰인 수가 작은 수부터 순서대로 써넣으시오.

3	2	4	5	6
2	3	4	5	6

❶

4	7	6	5	8

❷

8	9	6	5	7

❸

3	5	7	4	6

◆ 공에 쓰인 수가 큰 수부터 순서대로 써넣으시오.

5	6	7	9	8
9	8	7	6	5

❹

5	3	4	2	6

❺

3	7	5	4	6

❻

5	7	8	4	6

012 순서 선잇기

◐ 작은 수부터 차례로 선을 이으시오.

시작	4	5	
	3	6	
	9	7	끝

❶

시작	1	8	
	2	7	
	3	4	끝

❷

시작	3	2	
	4	5	
	8	6	끝

❸

시작	5	9	
	6	4	
	7	8	끝

❹

시작	2	3	
	6	4	
	7	5	끝

❺

시작	6	5	
	7	8	
	4	9	끝

◐ 큰 수부터 차례로 선을 이으시오.

시작	7	8	
	6	5	
	3	4	끝

❻

시작	8	9	
	7	4	
	6	5	끝

❼

시작	4	6	
	3	2	
	7	1	끝

❽

시작	9	5	
	8	4	
	7	6	끝

❾

시작	5	1	
	4	3	
	6	2	끝

❿

시작	6	5	
	7	4	
	8	3	끝

큰 수 또는 작은 수부터 수의 순서에 맞게 차례로 선을 이으시오.

시작	8	7	6	
	9	3	5	
	1	2	4	끝

❶

시작	2	3	8	
	1	4	5	
	9	7	6	끝

❷

시작	5	4	2	
	6	3	1	
	7	8	9	끝

❸

시작	6	7	8	
	5	4	9	
	1	3	2	끝

❹

시작	9	1	2	
	8	7	4	
	3	6	5	끝

❺

시작	1	2	8	
	6	3	9	
	7	4	5	끝

❻

시작	3	2	1	
	4	5	9	
	8	6	7	끝

❼

시작	7	8	9	
	6	5	1	
	2	4	3	끝

잘 공부했는지 알아봅시다

월 일

1 큰 수 또는 작은 수부터 순서에 맞게 차례로 선을 이으시오.

❶

시작					
시작	1	5	2	9	
	2	3	6	7	
	8	4	5	8	
	6	3	8	9	끝

❷

시작	9	8	6	8	
	6	7	2	6	
	5	4	3	2	
	6	3	8	1	끝

2 순서에 맞게 빈칸에 수를 써넣으시오.

7		5			2	

3 순서에 맞게 쓴 것입니다. 잘못 들어간 수에 ×표 하시오.

❶ 일 이 육 삼 사

❷ 육 사 칠 팔 구

4 순서를 거꾸로 하여 빈칸에 알맞은 말을 써넣으시오.

	팔			오		삼	이	

4 순서수

013 뱀
014 줄 서기
015 순서수
016 순서와 위치

013

뱀

◐ 왼쪽부터 세어 ○에 색칠하시오.

❶

❷

❸

❹

❺

⊕ 왼쪽부터 순서대로 세어 바르게 읽은 것에 ◯표 하시오.

❶

❷

❸
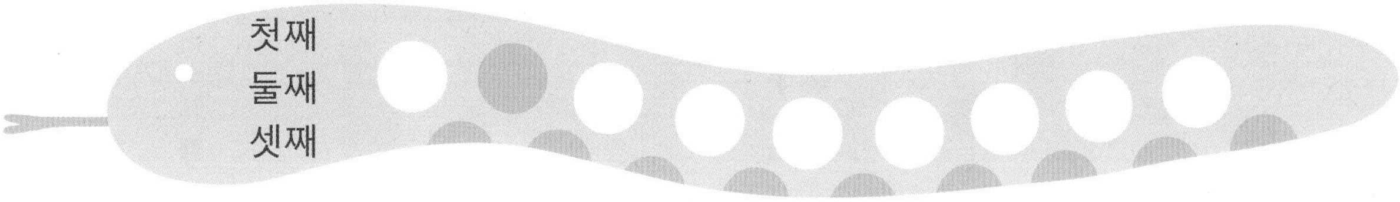

❹
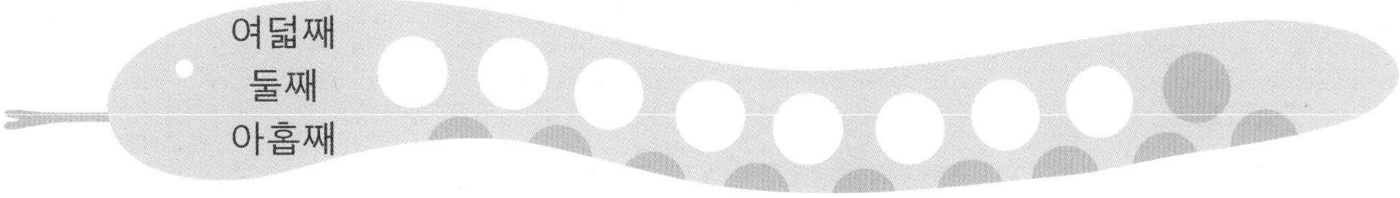

❺
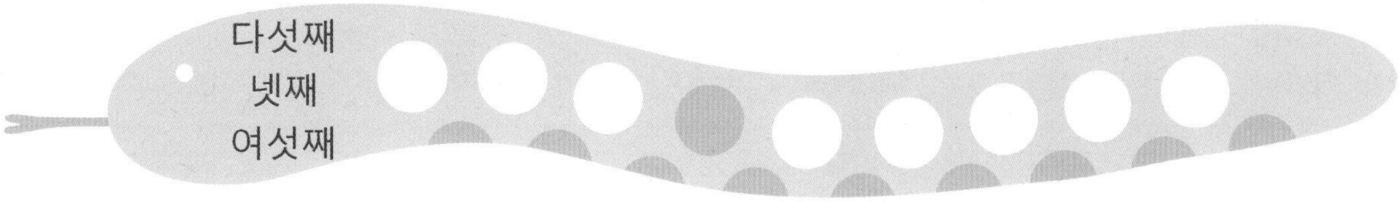

014 줄 서기

◐ 그림을 보고 관계있는 것끼리 선으로 이으시오.

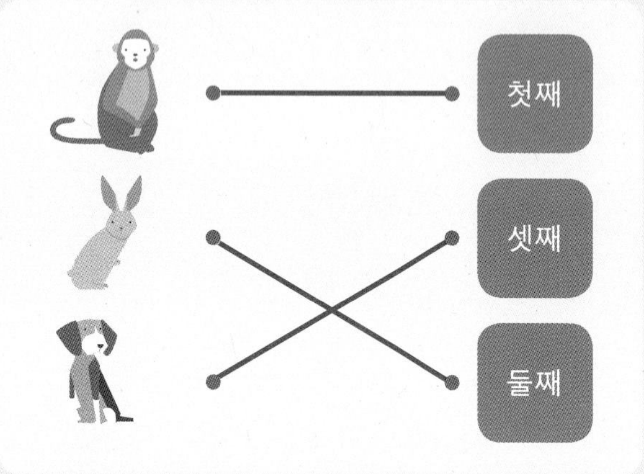

그림을 보고 관계있는 것끼리 선으로 이으시오.

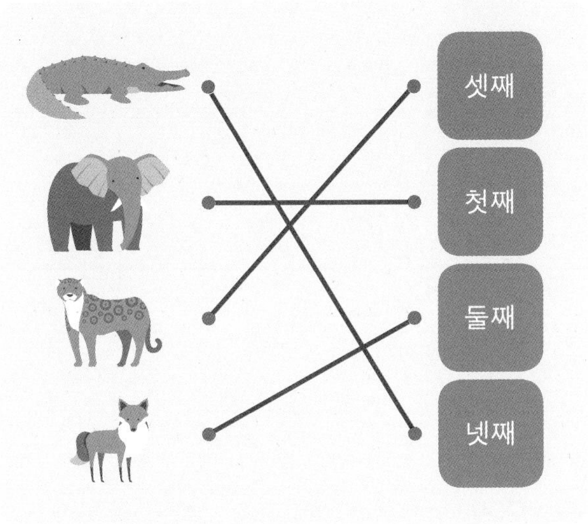

❶

다섯째
여덟째
여섯째
일곱째

❷

다섯째
셋째
넷째
첫째

❸

일곱째
여덟째
아홉째
여섯째

015 순서수

◐ 알맞게 색칠하시오.

4	넷	⬢⬢⬢⬢⬡⬡⬡⬡⬡
	넷째	⬡⬡⬡⬢⬡⬡⬡⬡⬡

❶

2	둘	
	둘째	

❷

7	일곱	
	일곱째	

❸

6	여섯	
	여섯째	

❹

8	여덟	
	여덟째	

알맞게 색칠하시오.

셋째

❶ 다섯

❷ 아홉

❸ 여덟째

❹ 넷

❺ 둘

❻ 일곱째

❼ 여섯째

016 순서수와 위치

◐ 위치에 맞게 ○표 하시오.

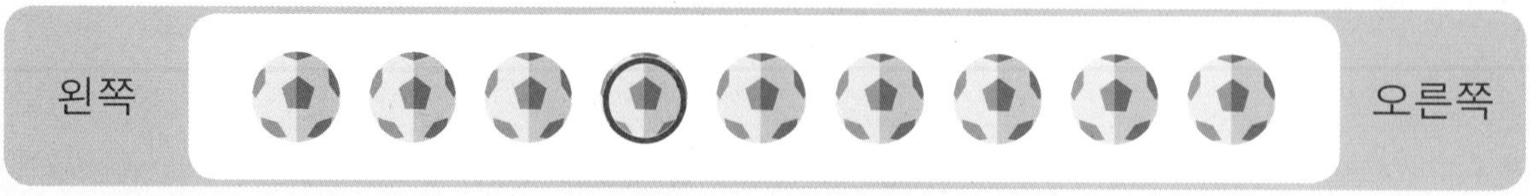

오른쪽에서 여섯째

❶

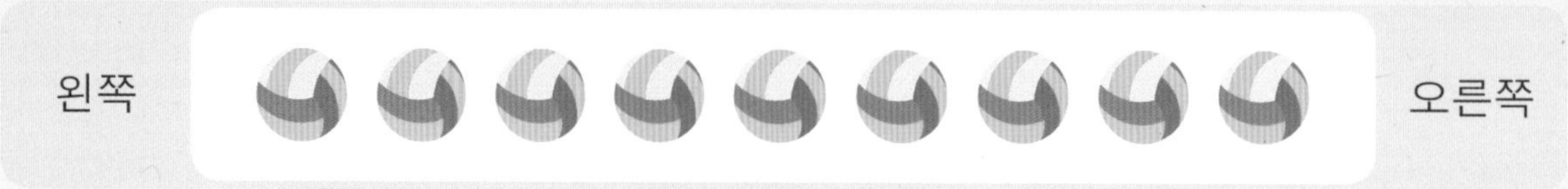

왼쪽에서 넷째

❷

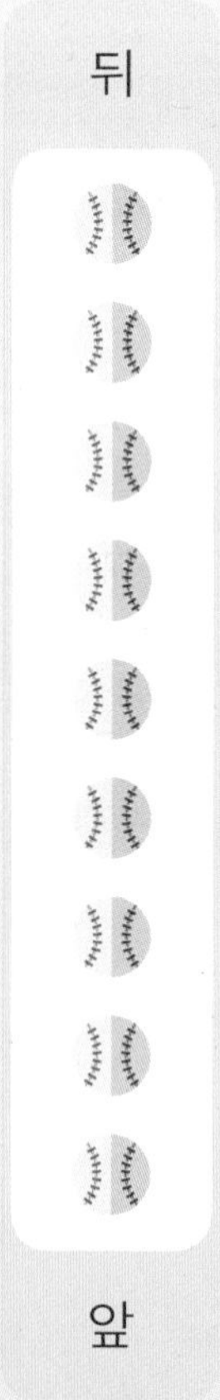

뒤에서 셋째

❸

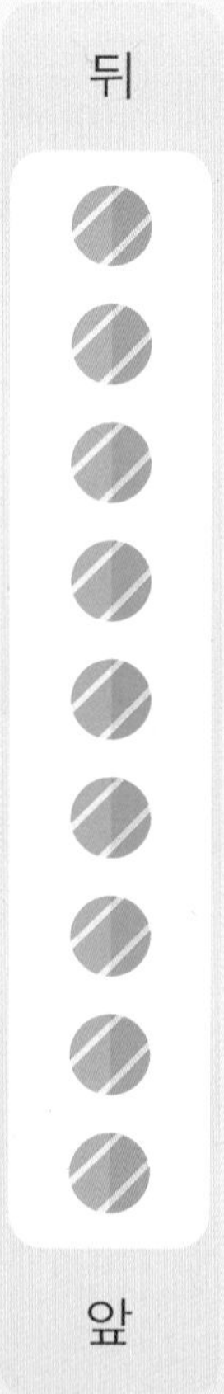

앞에서 셋째

❹

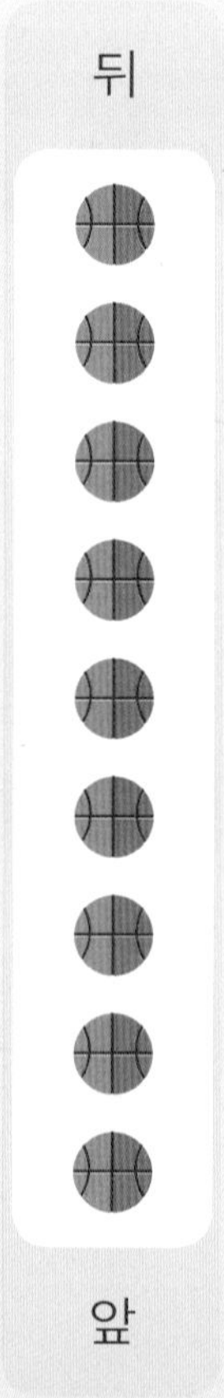

뒤에서 둘째

◆ 위치에 맞게 ○표 하시오.

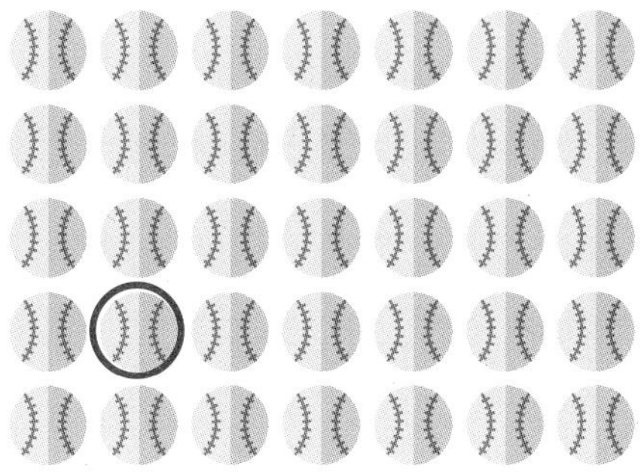

왼쪽에서 둘째 뒤에서 넷째

❶

오른쪽에서 셋째 앞에서 셋째

❷

오른쪽에서 다섯째 뒤에서 셋째

❸

왼쪽에서 넷째 앞에서 둘째

❹

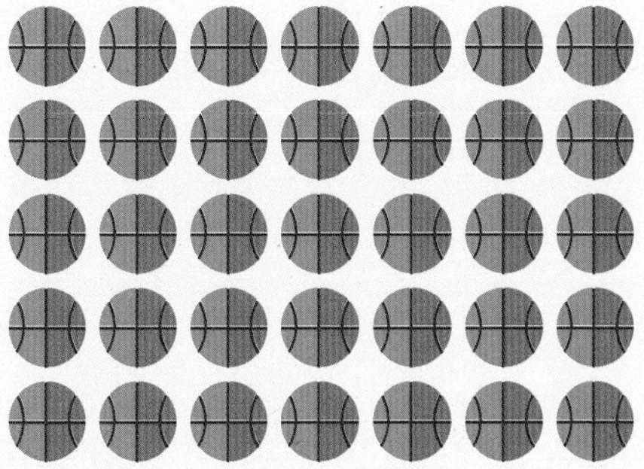

왼쪽에서 여섯째 앞에서 넷째

❺

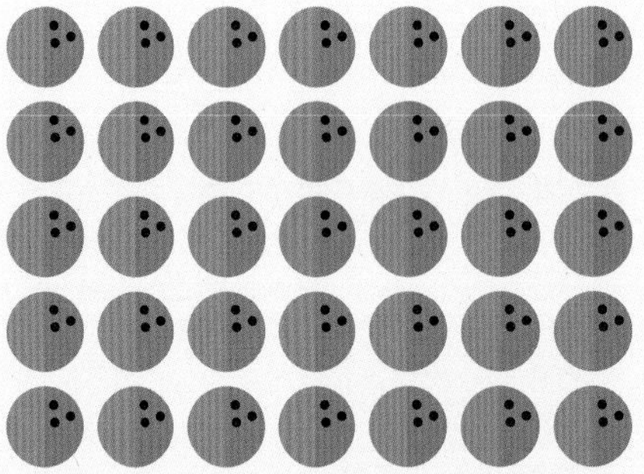

오른쪽에서 다섯째 뒤에서 넷째

잘 공부했는지 알아봅시다

월 일

1 알맞은 것에 ○표 하시오.

❶ 넷째

❷ 일곱째

2 그림을 보고 순서에 맞게 선으로 이으시오.

❶

다섯째

셋째

첫째

일곱째

❷

넷째

아홉째

여섯째

둘째

3 알맞게 색칠하시오.

일곱(칠)	
일곱째	

5 1 큰 수 1 작은 수

017 1 큰 수
018 1 작은 수
019 포도송이
020 1 대소문장

1 큰 수

◑ 아래 그림보다 하나 더 많은 것에 ⬭표 하시오.

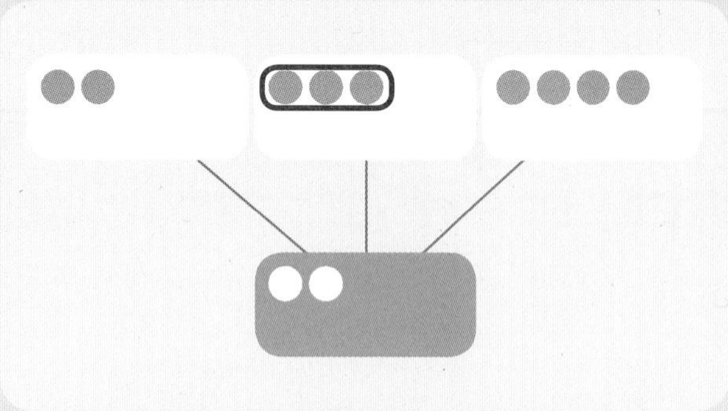

❶

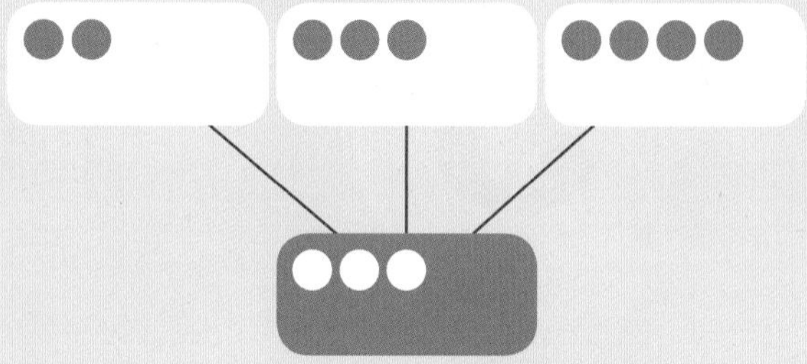

❷

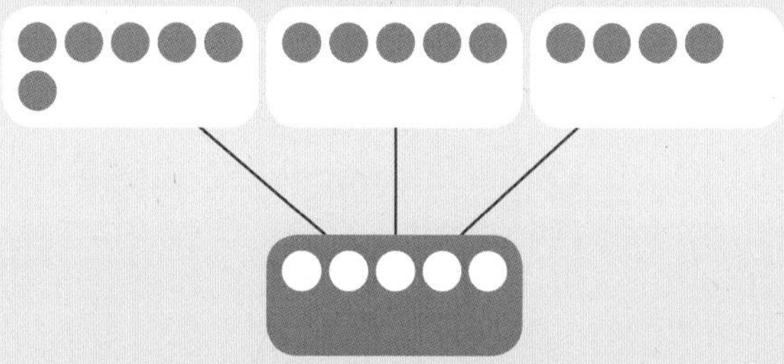

❸

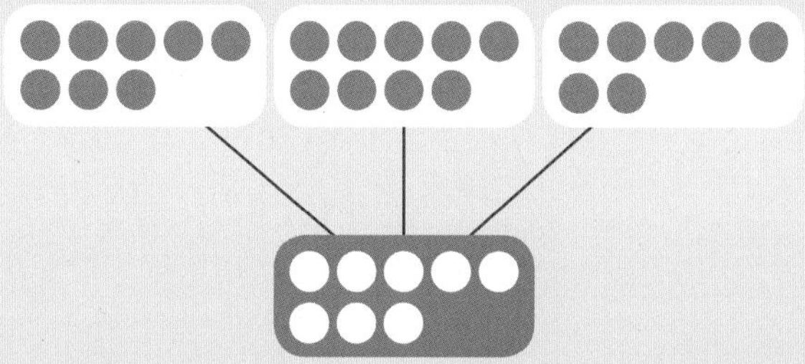

◑ 하나 더 많게 그리고, 빈칸에 알맞은 수를 써넣으시오.

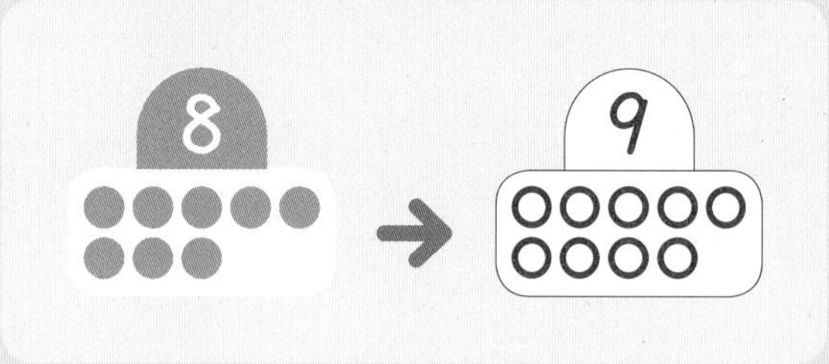

❹

❺

❻

◆ Ⅰ 큰 수에 색칠하시오.

(예) 4 5 6 — 5

❶ 7 8 6 — 6

❷ 3 5 6 — 4

❸ 8 9 6 — 7

❹ 7 9 8 — 8

❺ 2 9 3 — 1

❻ 2 3 4 — 3

❼ 1 6 3 — 2

❽ 9 6 8 — 5

018 1 작은 수

◐ 하나 더 작은 것에 ◯표 하시오.

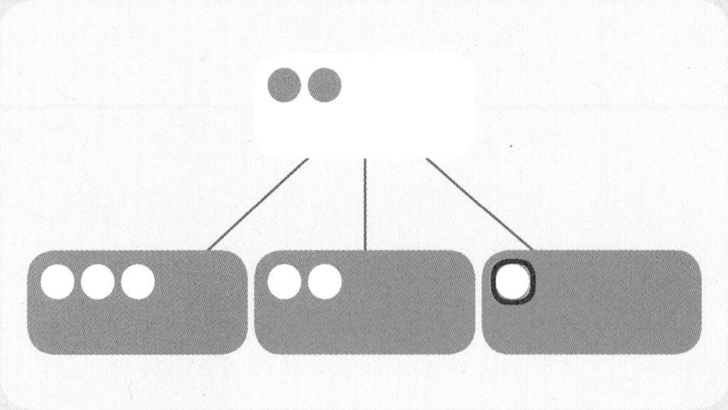

❶

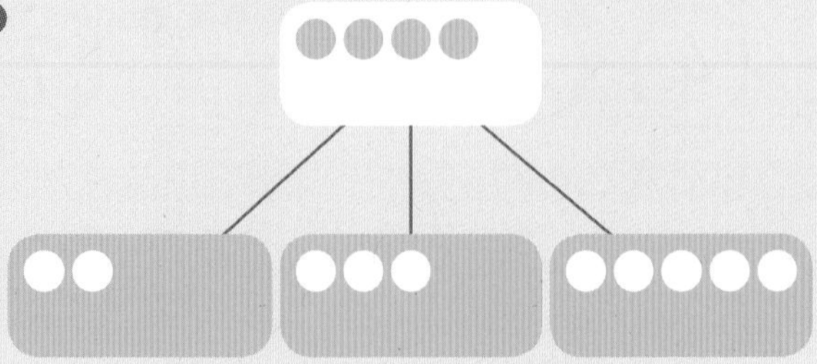

❷

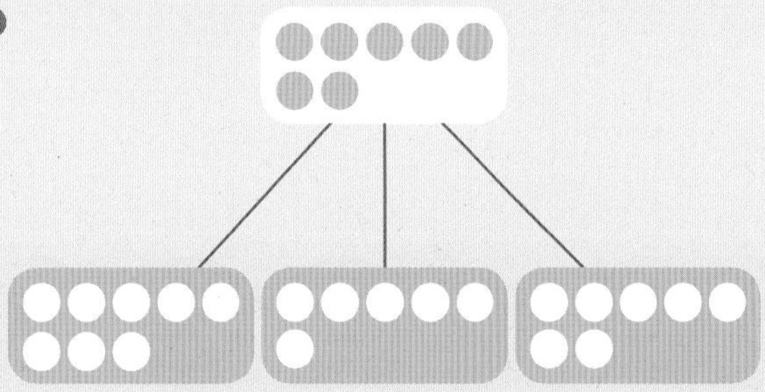

❸

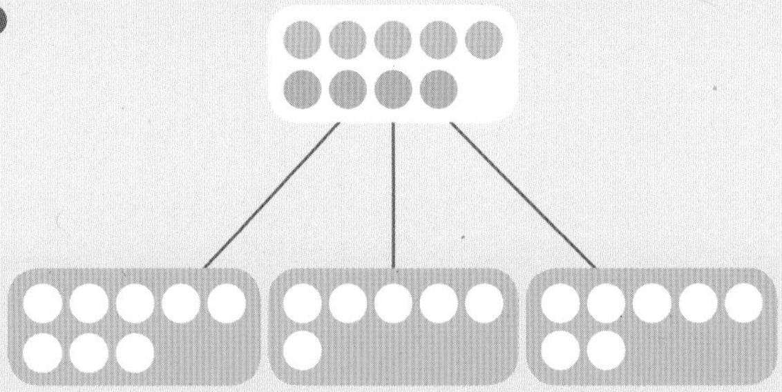

◐ 하나 더 적게 그리고, 빈칸에 알맞은 수를 써넣으시오.

❹

❺

❻

● 작은 수에 색칠하시오.

(예시) 8 — 7, 8, 9

❶ 3 — 1, 2, 3

❷ 7 — 6, 8, 9

❸ 6 — 9, 7, 5

❹ 5 — 3, 6, 4

❺ 9 — 8, 5, 7

❻ 2 — 3, 1, 2

❼ 4 — 5, 4, 3

❽ 8 — 6, 7, 9

019 포도송이

◐ 1 큰 수와 1 작은 수에 맞게 ●를 색칠하고 빈칸에 알맞은 수를 써넣으시오.

2 ← 1 작은 수 — 3 — 1 큰 수 → 4

❶ □ ← 1 작은 수 — 5 — 1 큰 수 → □

❷ □ ← 1 작은 수 — 6 — 1 큰 수 → □

❸ □ ← 1 작은 수 — 8 — 1 큰 수 → □

1 큰 수와 1 작은 수를 써넣으시오.

1 작은 수		1 큰 수
1	2	3
6	7	8
3	4	5

❶

1 작은 수		1 큰 수
	6	
	8	
	5	

❷

1 작은 수		1 큰 수
	3	
	6	
	7	

❸

1 작은 수		1 큰 수
	4	
	8	
	6	

❹

1 작은 수		1 큰 수
	8	
	2	
	4	

❺

1 작은 수		1 큰 수
	7	
	3	
	5	

020 1 대소 문장

◐ □ 안에 알맞은 수를 찾아 ○표 하시오.

9보다 1 작은 수는 □ 입니다.

9 5 7 ⑧

❶ 7보다 1 큰 수는 □ 입니다.

6 8 4 3

❷ 5보다 1 큰 수는 □ 입니다.

4 5 6 7

❸ 6보다 1 작은 수는 □ 입니다.

7 6 5 4

❹ 8보다 1 작은 수는 □ 입니다.

6 7 8 9

❺ 1보다 1 큰 수는 □ 입니다.

1 2 3 4

❻ 3보다 1 큰 수는 □ 입니다.

4 3 5 7

❼ 2보다 1 작은 수는 □ 입니다.

4 3 2 1

❽ 4보다 1 작은 수는 □ 입니다.

7 5 3 2

❾ 6보다 1 큰 수는 □ 입니다.

4 6 7 5

□ 안에 알맞은 수를 쓰고, ( ) 안의 알맞는 말에 ◯표 하시오.

7은 [6] 보다 1 크고, [8] 보다 1 작습니다.

❶ □ 은 5보다 1 크고, □ 보다 1 작습니다.

❷ 9는 8보다 □ (큽니다 , 작습니다).

❸ 4는 □ 보다 1 크고, □ 보다 1 작습니다.

❹ □ 는 □ 보다 1 크고, 6보다 1 작습니다.

❺ 1은 2보다 □ (큽니다 , 작습니다).

❻ 3은 □ 보다 1 크고, □ 보다 1 작습니다.

❼ □ 은 7보다 1 크고, □ 보다 1 작습니다.

❽ 2는 □ 보다 1 크고, □ 보다 1 작습니다.

잘 공부했는지 알아봅시다

월 일

1 왼쪽 그림보다 하나 더 많은 것에 ○표 하시오.

❶

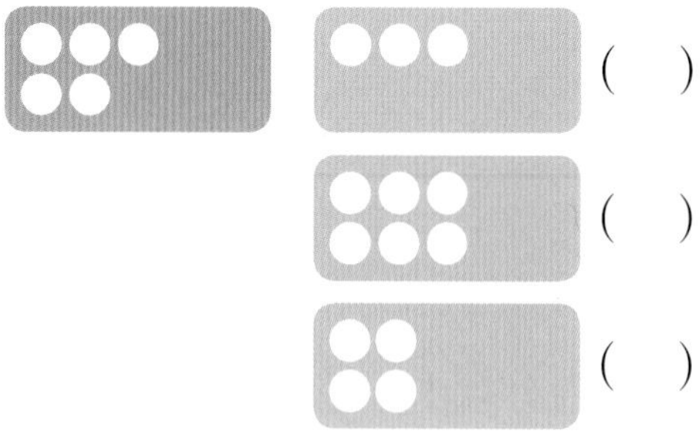

❷

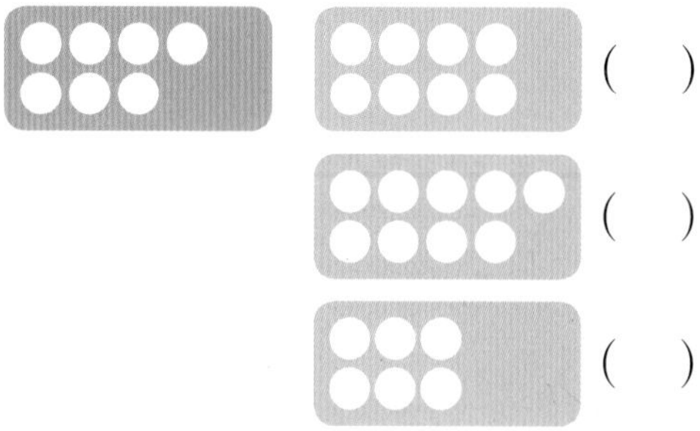

2 왼쪽 그림보다 하나 더 적게 색칠하고, 색칠한 것의 수를 빈칸에 써넣으시오.

❶

❷

3 1 작은 수와 1 큰 수를 쓰시오.

❶

1 작은 수		1 큰 수
□	4	□
□	8	□
□	6	□

❷

1 작은 수		1 큰 수
□	3	□
□	5	□
□	7	□

6 수의 크기

021 모양점

022 큰 수 작은 수

023 꼬리표

024 다섯 수 비교

021 모양점

◐ 개수만큼 수를 쓰고, 더 큰 수에 ○표 하시오.

❶
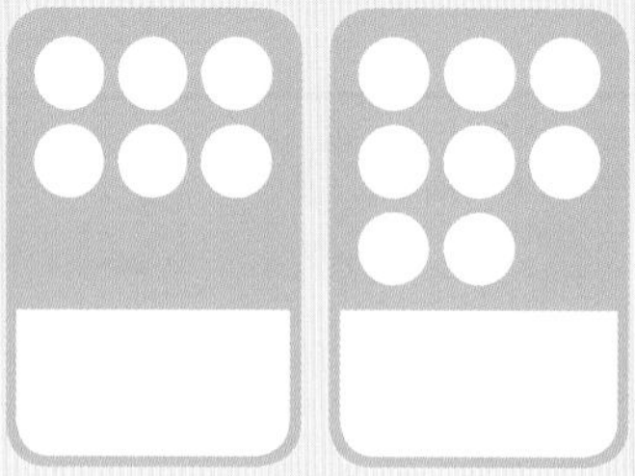

❷
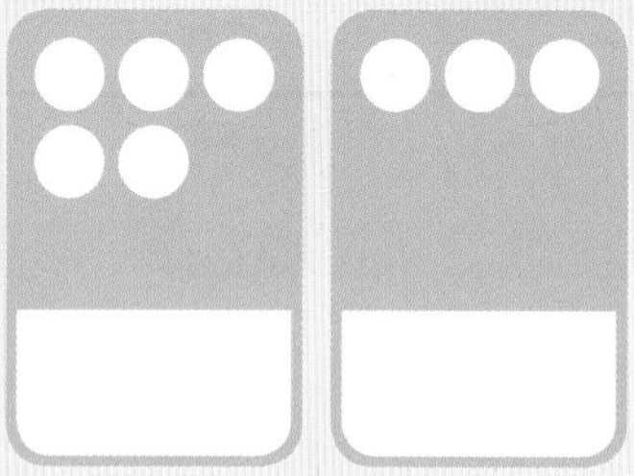

❸
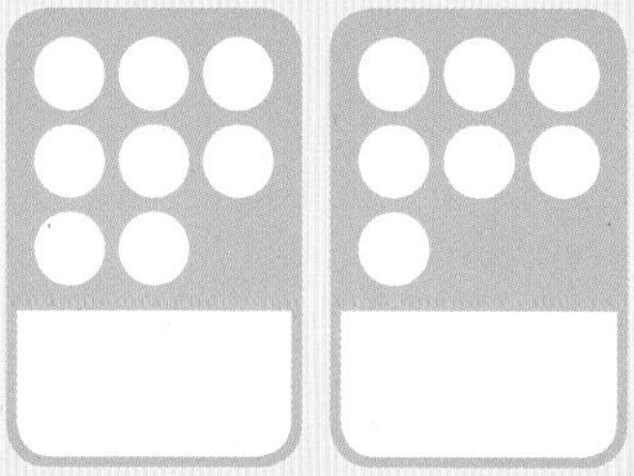

❹

❺
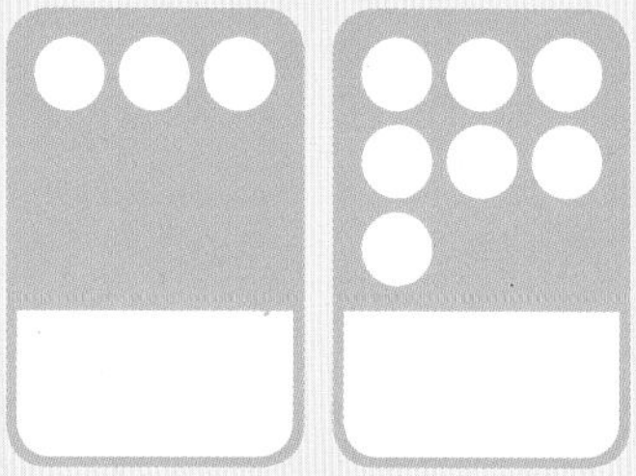

◐ 개수만큼 수를 쓰고, 더 작은 수에 △표 하시오.

❻
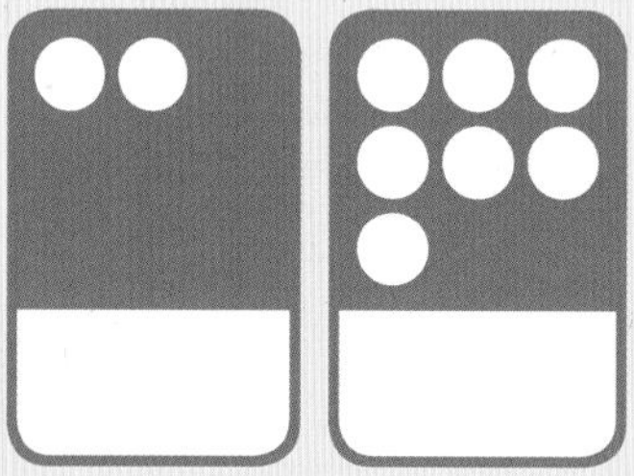

❼

❽
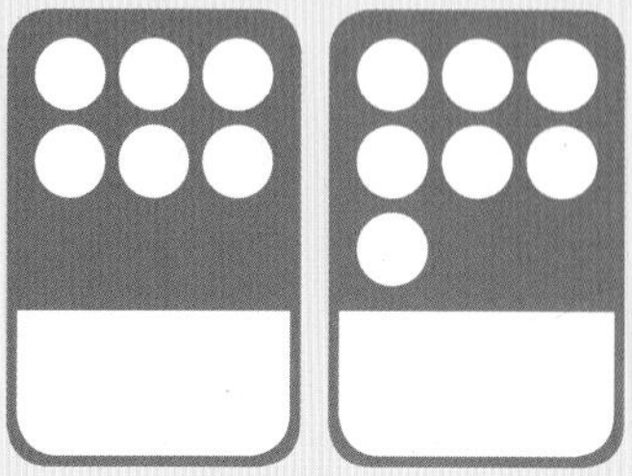

❾
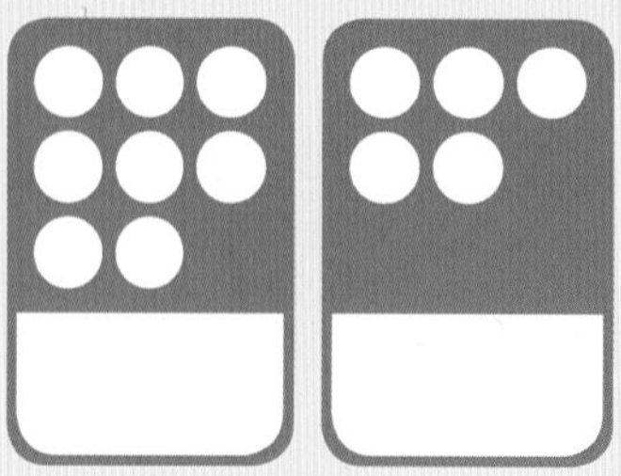

❿
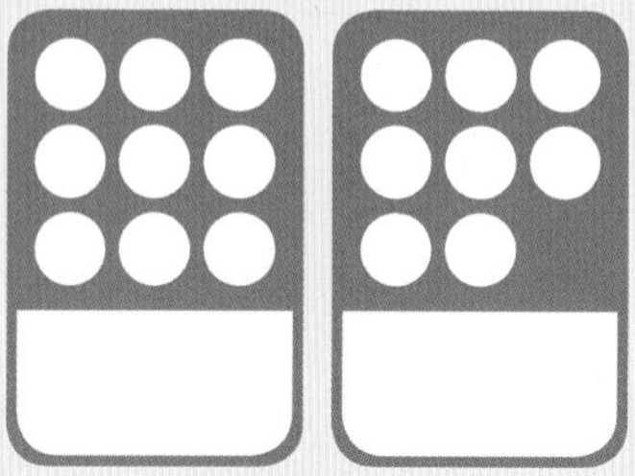

수를 쓰고 알맞은 말에 ◯표 하시오.

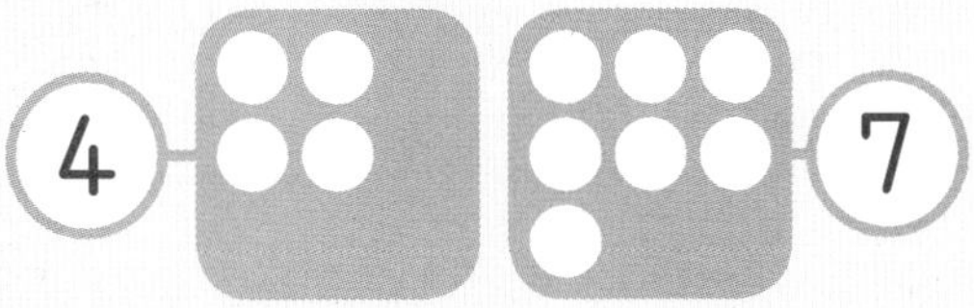

4는 7보다 (큽니다 , 작습니다).

❶

8은 6보다 (큽니다 , 작습니다).

❷

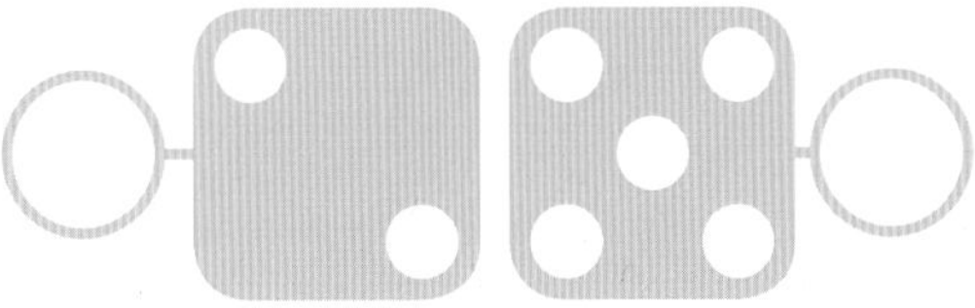

2는 5보다 (큽니다 , 작습니다).

❸

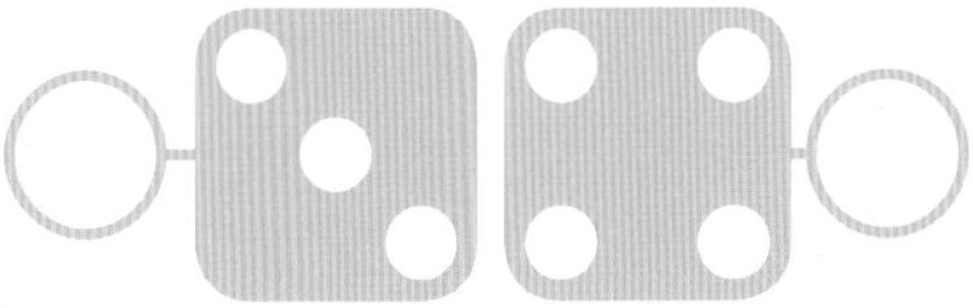

3은 4보다 (큽니다 , 작습니다).

❹

3은 1보다 (큽니다 , 작습니다).

❺

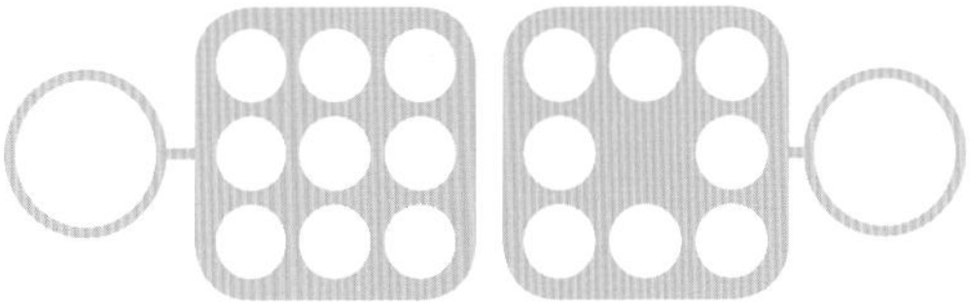

9는 8보다 (큽니다 , 작습니다).

❻

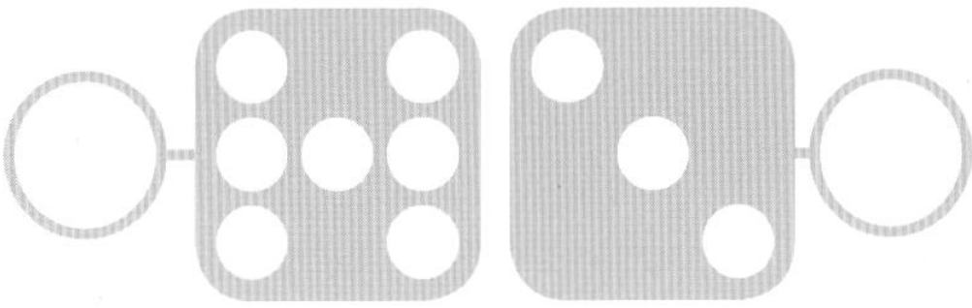

7은 3보다 (큽니다 , 작습니다).

❼

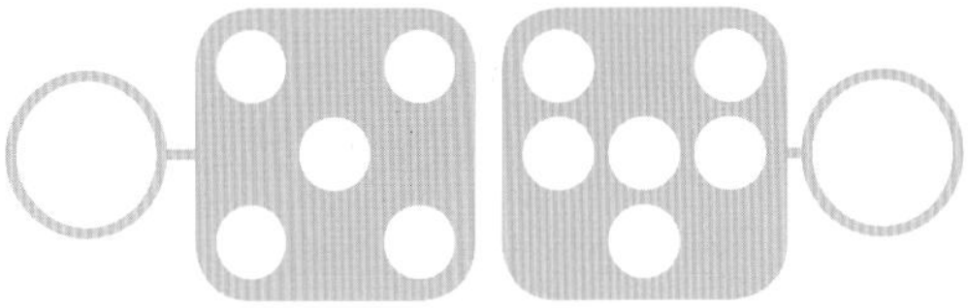

5는 6보다 (큽니다 , 작습니다).

022 큰 수 작은 수

◐ 큰 수에 ○표, 작은 수에 △표 하시오.

△2	④

❶

3	5

❷

5	6

❸

6	3

❹

8	7

❺

4	3

❻

7	8

❼

3	4

❽

6	8

❾

8	5

❿

1	9

⓫

2	1

⓬

6	9

⓭

5	8

⓮

9	7

◆ 가장 큰 수에 ○표 하시오.

(예) 2, ⑦, 1

❶ 3, 8, 9

❷ 7, 2, 5

❸ 4, 3, 5

❹ 6, 1, 4

❺ 2, 8, 5

◆ 가장 작은 수에 △표 하시오.

(예) 1(△), 7, 2

❻ 3, 2, 8

❼ 7, 6, 5

❽ 2, 4, 6

❾ 9, 7, 8

❿ 5, 7, 3

023 꼬리표

◐ 왼쪽 수보다 더 큰 수에 ○표 하시오.

3	2 3 (4)	❶ 7	8 7 6
❷ 4	6 2 4	❸ 6	5 3 7
❹ 5	5 8 3	❺ 8	2 9 6

◐ 왼쪽 수보다 더 작은 수에 △표 하시오.

5	6 5 △4	❻ 2	1 2 3
❼ 6	7 5 8	❽ 8	8 7 9
❾ 3	2 4 5	❿ 7	9 5 7

왼쪽 수보다 더 큰 수에 ○표, 더 작은 수에 △표 하시오.

3	(7) △2 3

❶ 2 | 2 3 1

❷ 8 | 6 8 9

❸ 7 | 7 6 9

❹ 5 | 2 7 5

❺ 4 | 4 5 3

❻ 6 | 6 1 9

❼ 3 | 7 3 2

❽ 7 | 8 2 7

❾ 6 | 8 6 4

❿ 4 | 3 4 6

⓫ 5 | 3 8 5

⓬ 2 | 4 1 2

⓭ 8 | 8 1 9

024 다섯 수 비교

◐ 큰 수부터 차례로 쓰시오.

5	3	7	9	2
9	7	5	3	2

❶

1	3	6	5	7

❷

2	8	9	4	6

❸

3	7	5	8	4

❹

9	2	5	1	7

❺

7	1	2	3	4

❻

8	6	7	9	3

❼

4	2	1	5	7

⊕ 가장 큰 수에 ○표, 가장 작은 수에 △표 하시오.

(예시) 3 7 4 / 8 9 — 3에 △표, 9에 ○표

❶ 1 7 5 / 8 6

❷ 4 2 5 / 6 3

❸ 4 1 7 / 6 5

❹ 7 3 4 / 2 5

❺ 5 3 1 / 2 8

❻ 7 4 2 / 6 1

❼ 8 5 4 / 7 6

❽ 6 4 5 / 7 3

❾ 5 8 7 / 2 4

❿ 6 3 9 / 7 4

⓫ 8 7 9 / 4 5

잘 공부했는지 알아봅시다

월 일

1 수를 쓰고 알맞은 말에 ◯표 하시오.

❶ 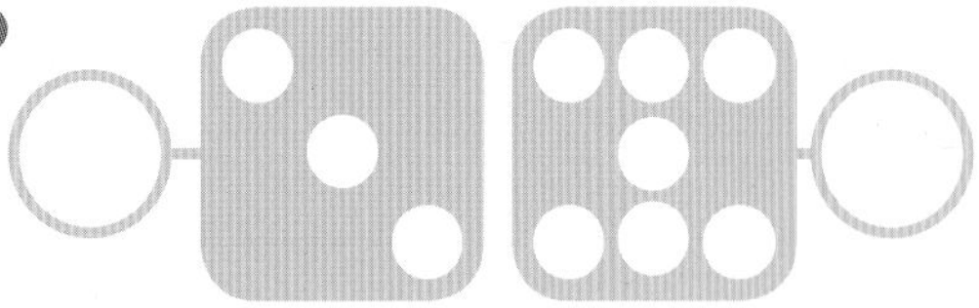

3은 7보다 (큽니다 , 작습니다).

❷ 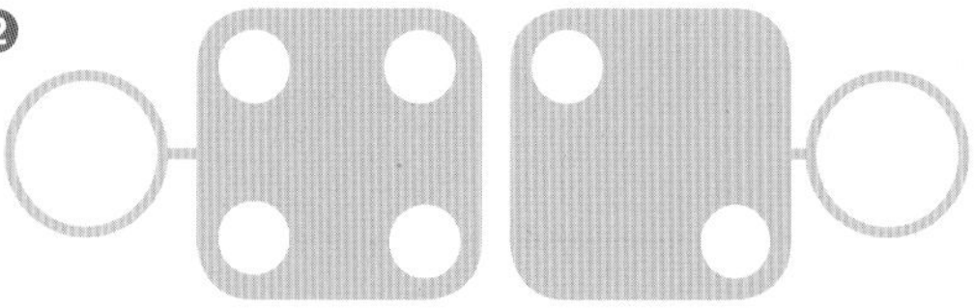

4는 2보다 (큽니다 , 작습니다).

2 왼쪽 수보다 더 큰 수에 ○표 하시오.

❶ 6 | 1 9 5

❷ 7 | 6 2 8

3 큰 수부터 차례로 쓰시오.

3 8 5 7 4

◯ ◯ ◯ ◯ ◯

4 가장 큰 수에 ○표, 가장 작은 수에 △표 하시오.

❶

8 6

1 9

❷

4 7

2 6

7 조건과 수

025 0과 10
026 조건
027 사이의 수
028 기구

025 0과 10

◐ 개수를 세어 빈칸에 알맞은 수를 써넣으시오.

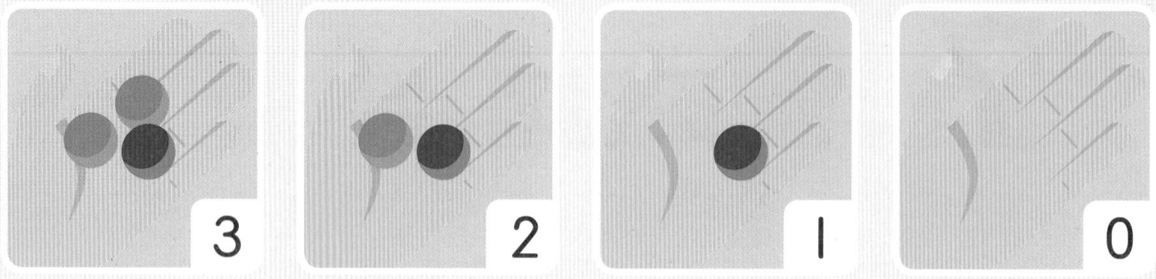

❶

❷

❸

빈칸에 순서대로 수를 써넣으시오.

0 – 1 – 2 – 3 – 4 – 5 – 6 – 7 – 8 – 9 – 10

❶ ☐ – 1 – 2 – 3 – ☐

❷ 6 – 7 – 8 – ☐ – ☐

❸ ☐ – ☐ – 2 – 3 – 4

❹ ☐ – 7 – 8 – 9 – ☐

❺ ☐ – 1 – 2 – ☐ – ☐ – 5 – ☐ – ☐ – 8 – 9 – ☐

1 큰 수와 1 작은 수를 쓰시오.

2 ←(1 작은 수)– 3 –(1 큰 수)→ 4

❻ ☐ ←(1 작은 수)– 7 –(1 큰 수)→ ☐

❼ ☐ ←(1 작은 수)– 2 –(1 큰 수)→ ☐

❽ ☐ ←(1 작은 수)– 8 –(1 큰 수)→ ☐

❾ ☐ ←(1 작은 수)– 1 –(1 큰 수)→ ☐

❿ ☐ ←(1 작은 수)– 9 –(1 큰 수)→ ☐

026 조건

◐ 조건에 맞는 수를 찾아 모두 ○표 하시오.

조건

7보다 큰 수입니다.

1	2	3	4	5
6	7	(8)	(9)	(10)

❶ **조건**

5보다 작은 수입니다.

1	2	3	4	5
6	7	8	9	10

❷ **조건**

6보다 큰 수입니다.

1	2	3	4	5
6	7	8	9	10

❸ **조건**

4보다 작은 수입니다.

1	2	3	4	5
6	7	8	9	10

❹ **조건**

5보다 큰 수입니다.

1	2	3	4	5
6	7	8	9	10

❺ **조건**

3보다 작은 수입니다.

1	2	3	4	5
6	7	8	9	10

⊕ 두 조건에 맞는 수를 찾아 모두 ○표 하시오.

조건

6보다 작은 수입니다.
2보다 큰 수입니다.

1	2	③	④	⑤
6	7	8	9	10

❶ **조건**

8보다 작은 수입니다.
5보다 큰 수입니다.

1	2	3	4	5
6	7	8	9	10

❷ **조건**

9보다 작은 수입니다.
6보다 큰 수입니다.

1	2	3	4	5
6	7	8	9	10

❸ **조건**

6보다 작은 수입니다.
3보다 큰 수입니다.

1	2	3	4	5
6	7	8	9	10

❹ **조건**

7보다 작은 수입니다.
4보다 큰 수입니다.

1	2	3	4	5
6	7	8	9	10

❺ **조건**

8보다 작은 수입니다.
4보다 큰 수입니다.

1	2	3	4	5
6	7	8	9	10

027 사이의 수

◐ 두 수 사이의 수를 빈칸에 써넣으시오.

3과 7 사이의 수

3 [4] [5] [6] 7

❶ 2와 5 사이의 수

2 [ ] [ ] 5

❷ 1과 5 사이의 수

1 [ ] [ ] [ ] 5

❸ 5와 8 사이의 수

5 [ ] [ ] 8

❹ 4와 9 사이의 수

4 [ ] [ ] [ ] [ ] 9

❺ 3과 5 사이의 수

3 [ ] 5

❻ 2와 7 사이의 수

2 [ ] [ ] [ ] [ ] 7

❼ 6과 10 사이의 수

6 [ ] [ ] [ ] 10

◆ 두 수 사이의 수를 찾아 모두 ○표 하시오.

5 — 8

5 8 9 ⑦ ⑥

❶ **3 — 7**

5 6 3 4 8

❷ **6 — 9**

5 7 8 3 6

❸ **2 — 5**

1 3 4 2 5

❹ **1 — 4**

1 2 5 3 4

❺ **4 — 7**

3 4 5 2 6

❻ **7 — 10**

7 6 8 9 5

❼ **3 — 8**

4 5 6 7 8

028 기구

◐ 조건에 맞는 수에 ○표 하시오.

(보기) 2와 8 사이의 수

0	1	2
③	④	⑤
⑥	⑦	8
9	10	

❶ 3보다 크고 6보다 작은 수

0	1	2
3	4	5
6	7	8
9	10	

❷ 6과 9 사이의 수

0	1	2
3	4	5
6	7	8
9	10	

❸ 4보다 크고 8보다 작은 수

0	1	2
3	4	5
6	7	8
9	10	

❹ 1과 5 사이의 수

0	1	2
3	4	5
6	7	8
9	10	

❺ 2보다 크고 5보다 작은 수

0	1	2
3	4	5
6	7	8
9	10	

◆ 조건에 맞는 수를 쓰시오.

5와 9 사이의 수

6, 7, 8

❶ 1보다 크고 5보다 작은 수

❷ 5와 9 사이의 수

❸ 2보다 크고 7보다 작은 수

❹ 3과 8 사이의 수

❺ 6보다 크고 10보다 작은 수

잘 공부했는지 알아봅시다

월 일

1 달걀의 수를 세어 보시오.

❶

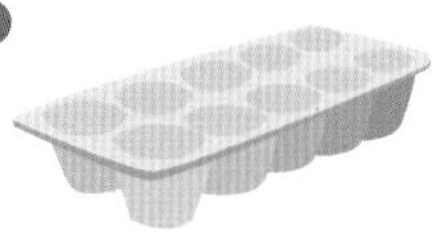

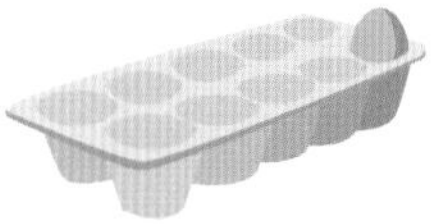

❷

2 조건에 맞는 수를 찾아 모두 ○표 하시오.

조건

2보다 큰 수, 6보다 작은 수

1	2	3	4	5
6	7	8	9	10

3 조건에 맞는 수를 모두 쓰시오.

❶ 1과 5 사이의 수

❷ 3과 7 사이의 수

8

2 큰 수 2 작은 수

029 수직선

030 2 큰 수 2 작은 수

031 화살표 규칙

032 2씩 뛰기

수직선

◐ 수직선을 보고 빈칸에 알맞은 수를 써넣으시오.

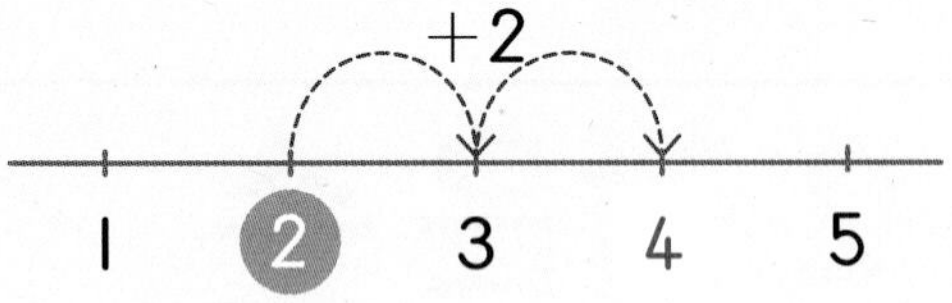

2 → 2 큰 수 → 4

❶

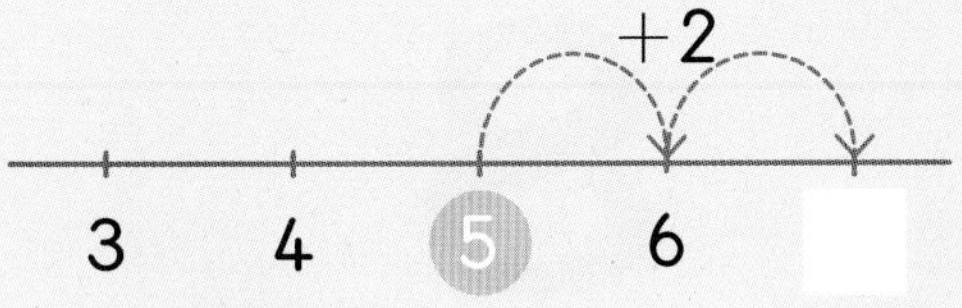

5 → 2 큰 수 → □

❷

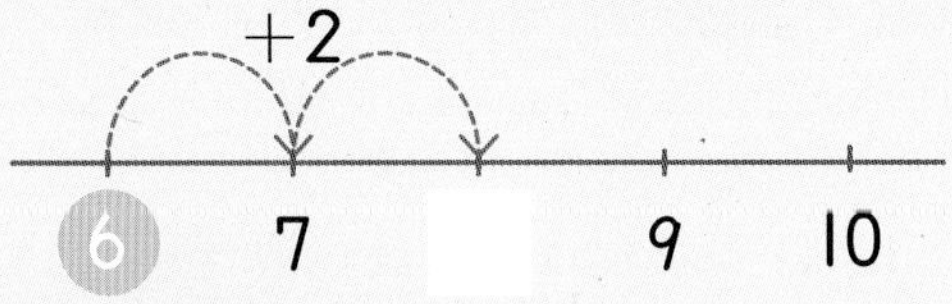

6 → 2 큰 수 → □

❸

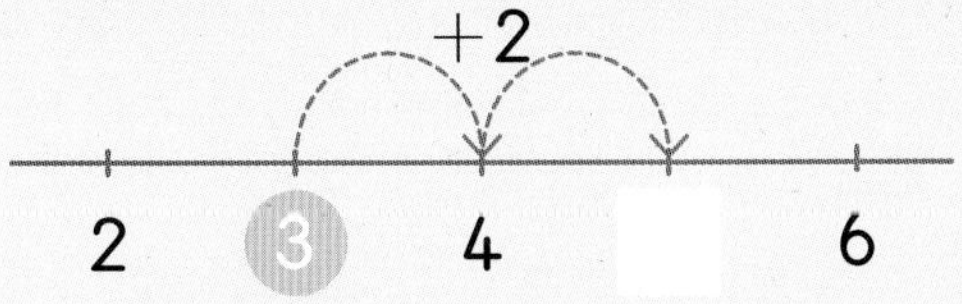

3 → 2 큰 수 → □

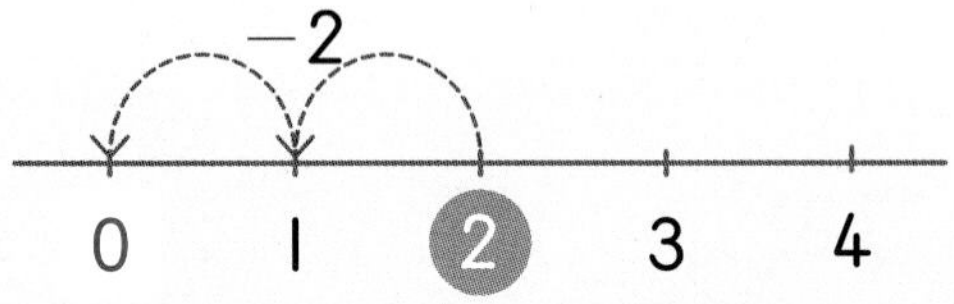

0 ← 2 작은 수 ← 2

❹

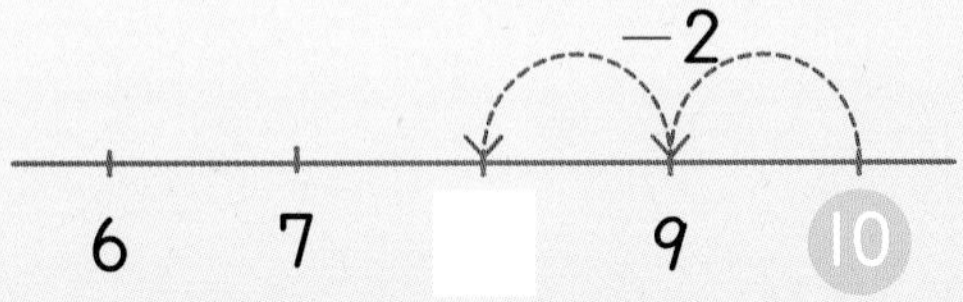

□ ← 2 작은 수 ← 10

❺

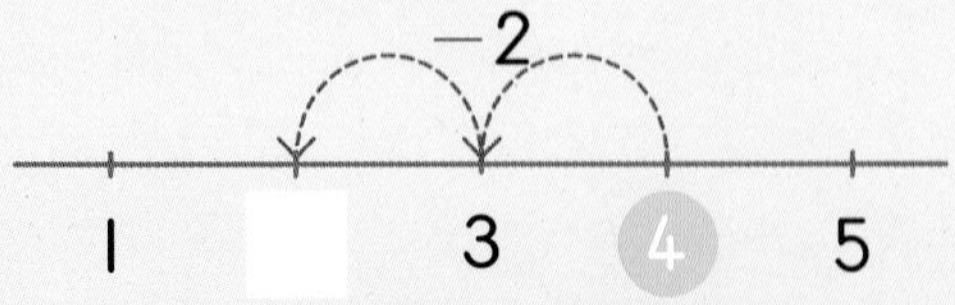

□ ← 2 작은 수 ← 4

❻

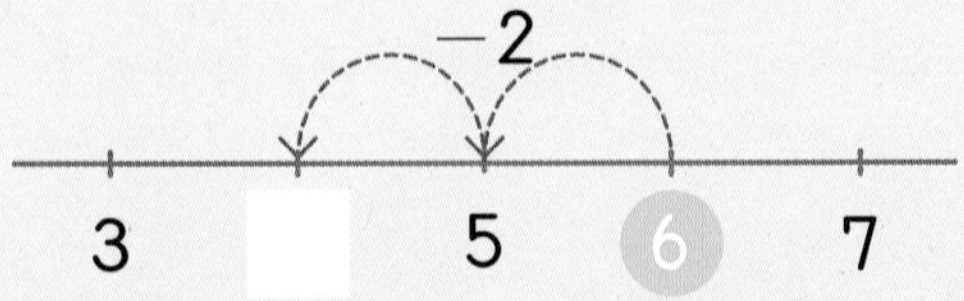

□ ← 2 작은 수 ← 6

2 큰 수와 2 작은 수를 쓰시오.

2 작은 수		2 큰 수
3	5	7
1	3	5
0	2	4

❶

2 작은 수		2 큰 수
	3	
	6	
	8	

❷

2 작은 수		2 큰 수
	6	
	2	
	4	

❸

2 작은 수		2 큰 수
	7	
	4	
	3	

❹

2 작은 수		2 큰 수
	5	
	8	
	2	

❺

2 작은 수		2 큰 수
	4	
	3	
	7	

030 2 큰 수 2 작은 수

◐ 빈칸에 알맞은 수를 써넣으시오.

(예) 4 —1 큰 수→ [5] —1 큰 수→ [6]
4 —2 큰 수→ [6]

❶ 6 —1 큰 수→ [ ] —1 큰 수→ [ ]
6 —2 큰 수→ [ ]

❷ 8 —1 큰 수→ [ ] —1 큰 수→ [ ]
8 —2 큰 수→ [ ]

❸ 2 —1 큰 수→ [ ] —1 큰 수→ [ ]
2 —2 큰 수→ [ ]

❹ 7 —1 큰 수→ [ ] —1 큰 수→ [ ]
7 —2 큰 수→ [ ]

(예) [3] ←1 작은 수— [4] ←1 작은 수— 5
[3] ←2 작은 수— 5

❺ [ ] ←1 작은 수— [ ] ←1 작은 수— 6
[ ] ←2 작은 수— 6

❻ [ ] ←1 작은 수— [ ] ←1 작은 수— 2
[ ] ←2 작은 수— 2

❼ [ ] ←1 작은 수— [ ] ←1 작은 수— 7
[ ] ←2 작은 수— 7

❽ [ ] ←1 작은 수— [ ] ←1 작은 수— 8
[ ] ←2 작은 수— 8

2 큰 수와 2 작은 수를 쓰시오.

3 ← 2 작은 수 — 5 — 2 큰 수 → 7

❶ □ ← 2 작은 수 — 2 — 2 큰 수 → □

❷ □ ← 2 작은 수 — 8 — 2 큰 수 → □

❸ □ ← 2 작은 수 — 3 — 2 큰 수 → □

❹ □ ← 2 작은 수 — 6 — 2 큰 수 → □

❺ □ ← 2 작은 수 — 4 — 2 큰 수 → □

1 ← 2 작은 수 — 3 ← 2 작은 수 — 5 — 2 큰 수 → 7 — 2 큰 수 → 9

❻ □ ← 2 작은 수 — □ ← 2 작은 수 — 4 — 2 큰 수 → □ — 2 큰 수 → □

❼ □ ← 2 작은 수 — □ ← 2 작은 수 — 6 — 2 큰 수 → □ — 2 큰 수 → □

031 화살표 규칙

◐ 규칙에 맞게 빈칸에 알맞은 수를 써넣으시오.

규칙

화살표	규칙	화살표	규칙
——→	1씩 커집니다.	←——	1씩 작아집니다.
——»	2씩 커집니다.	«——	2씩 작아집니다.

6 ——» [8]

❶ [ ] ←—— 2

❷ 3 ——→ [ ]

❸ [ ] «—— 2

❹ 8 ——→ [ ]

❺ [ ] ←—— 7

❻ 8 ——» [ ]

❼ [ ] ←—— 5

❽ 4 ——→ [ ]

❾ [ ] ←—— 1

❿ 6 ——» [ ]

⓫ [ ] «—— 9

⓬ 2 ——» [ ]

⓭ [ ] «—— 10

⓮ 1 ——» [ ]

⊕ 규칙에 맞게 빈칸에 알맞은 수를 써넣으시오.

5 ↞ 7 → 8

❶ □ ← 4 ↠ □

❷ □ ← 3 → □

❸ □ ↞ 8 ↠ □

❹ □ ← 6 ↠ □

❺ □ ↞ 2 → □

❻ □ ↞ 5 ↠ □

❼ □ ← 1 → □

❽ □ ↞ 9 → □

❾ □ ↞ 3 ↠ □

❿ □ ← 2 ↠ □

⓫ □ ← 8 → □

032 2씩 뛰기

◐ 작은 수부터 2씩 뛰어 선을 이으시오.

(예시)

시작	1	3	
	2	5	
	4	7	끝

❶

시작	4	3	
	6	5	
	8	10	끝

❷

시작	2	5	
	4	6	
	3	8	끝

❸

시작	0	1	
	2	4	
	3	6	끝

❹

시작	3	5	
	2	7	
	4	9	끝

❺

시작	1	2	
	3	4	
	5	7	끝

◐ 큰 수부터 2씩 뛰어 선을 이으시오.

(예시)

시작	9	8	
	7	6	
	5	3	끝

❻

시작	10	5	
	8	6	
	7	4	끝

❼

시작	7	5	
	8	3	
	4	1	끝

❽

시작	6	4	
	1	2	
	3	0	끝

❾

시작	7	8	
	5	4	
	3	1	끝

❿

시작	9	8	
	7	5	
	6	3	끝

2씩 뛰어 센 것입니다. 빈칸에 알맞은 수를 써넣으시오.

8 — 6 — 4 — 2

❶ 3 — ◯ — ◯ — 9

❷ 1 — 3 — ◇ — ◇

❸ ⬡ — ⬡ — 2 — 0

❹ □ — 4 — □ — 8

❺ 7 — ◯ — ◯ — 1

❻ 3 — 5 — ◇ — ◇

❼ ⬡ — ⬡ — 8 — 10

❽ 6 — □ — 2 — □

❾ 1 — ◯ — ◯ — 7

❿ ◇ — 4 — ◇ — 8

⓫ ⬡ — ⬡ — 6 — 4

잘 공부했는지 알아봅시다

월 일

1 빈칸에 알맞은 수를 써넣으시오.

❶ −2 +2

□ 2 3 4 □ 6

❷ −2 +2

5 □ 7 8 9 □

2 2 큰 수와 2 작은 수를 쓰시오.

2 작은 수		2 큰 수
□	2	□
□	6	□
□	7	□

3 규칙에 맞게 빈칸에 알맞은 수를 써넣으시오.

규칙

→ 1씩 커집니다.　　← 1씩 작아집니다.

→→ 2씩 커집니다.　　←← 2씩 작아집니다.

❶ 4 →→ □

❷ □ ← 8

❸ □ ←← 9

MEMO

MEMO

사고셈

정답 및 해설
Guide Book

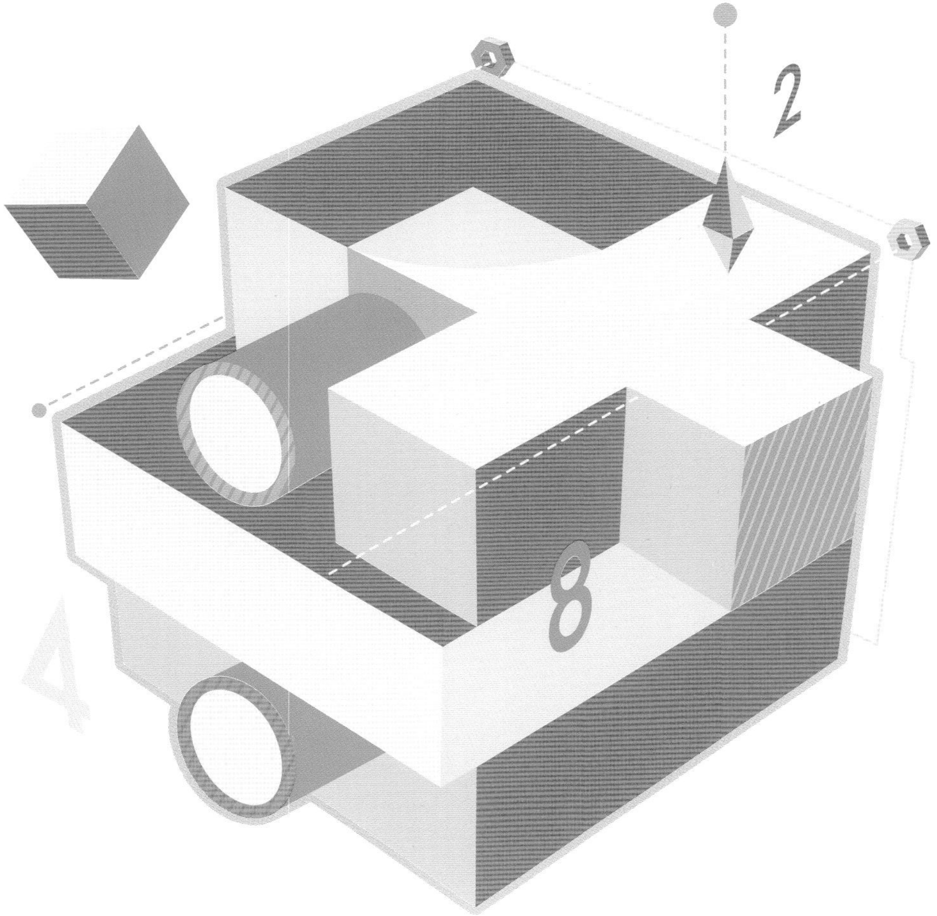

6세 1호

10까지의 수

NE 능률

애니멀

◐ 세어 보고 알맞은 수에 ○표 하시오.

1 2 ③ 4 5

❶ 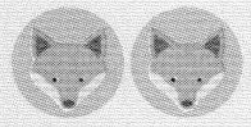

1 ② 3 4 5

❷ 

1 2 3 4 ⑤

❸ 

1 2 3 ④ 5

❹ 

5 ⑥ 7 8 9

❺ 

5 6 7 8 ⑨

❻ 

5 6 7 ⑧ 9

❼ 

5 6 ⑦ 8 9

개수를 셀 때 말한 마지막 수가 전체 개수입니다. '일, 이, 삼, 사'로 세었다면 개수는 4개입니다.

◑ 수를 세어 □ 안에 써넣으시오.

4 마리

❶ 

9 마리

❷ 

7 마리

❸ 

3 마리

❹ 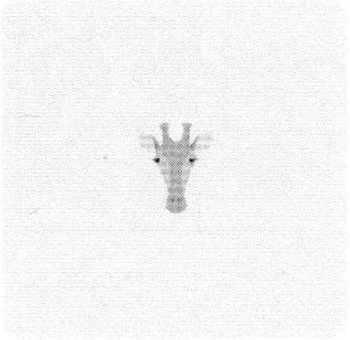

1 마리

❺ 

5 마리

❻ 

8 마리

❼ 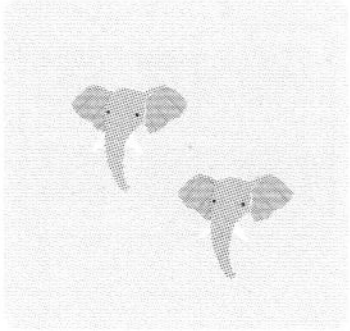

2 마리

❽ 

6 마리

002 사과

◐ 주어진 수만큼 안에 색칠하시오.

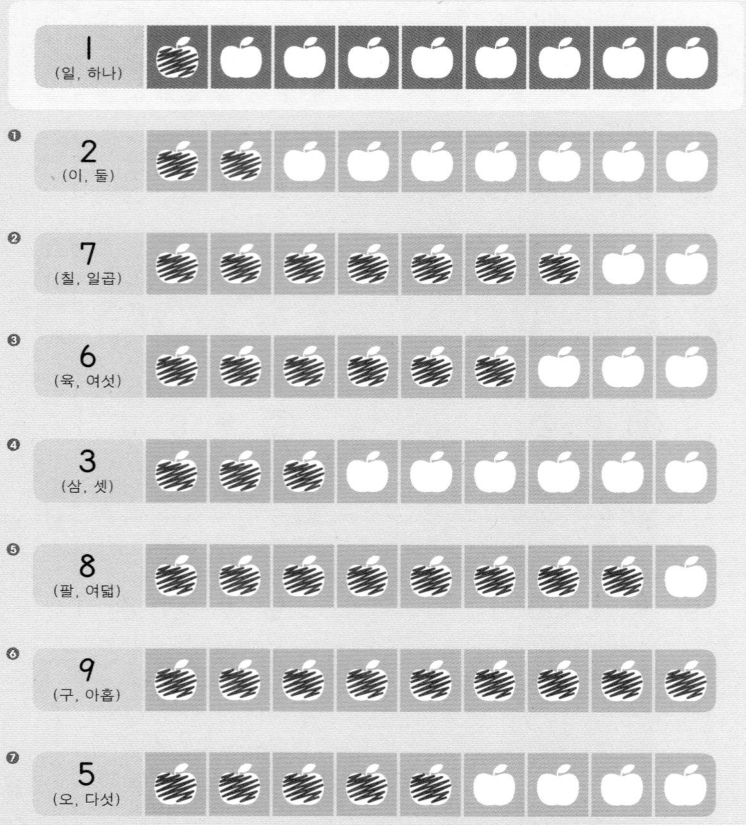

월 일

◐ 주어진 수만큼 를 그려 를 묶으시오.

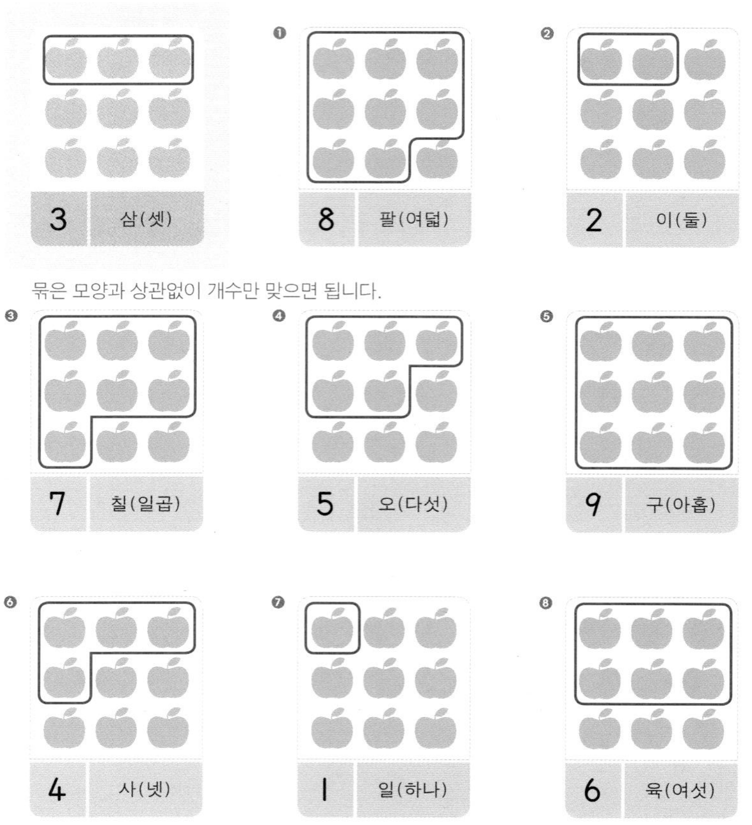

003 사탕과 쿠키

◐ 세어 보고, 알맞은 수를 □ 안에 써넣고, 바르게 읽은 것에 ○표 하시오.

예시: 2 — 하나 셋 둘(○) 다섯

❶ 5 — 넷 일곱 여섯 다섯(○)

❷ 7 — 일곱(○) 둘 아홉 여덟

❸ 4 — 하나 넷(○) 여섯 다섯

❹ 9 — 셋 하나 아홉(○) 다섯

❺ 3 — 일곱 셋(○) 아홉 여섯

❻ 1 — 하나(○) 둘 아홉 다섯

❼ 8 — 넷 여덟(○) 여섯 다섯

❽ 6 — 다섯 둘 아홉 여섯(○)

수를 읽는 방법은 '일, 이, 삼, …'과 같이 한자로 읽거나 '하나, 둘, 셋, …'과 같이 우리말로 읽는 2가지 방법이 있습니다.

◑ 세어 보고, 관계있는 것에 모두 ○표 하시오.

예시: 6 여섯 / 8 일곱(○) / 7(○) 여덟

❶ 4 다섯(○) / 5(○) 넷 / 6 여섯

❷ 1 셋 / 2(○) 둘(○) / 3 하나

❸ 9 여덟(○) / 8(○) 일곱 / 7 아홉

❹ 5 다섯 / 7 일곱 / 9(○) 아홉(○)

❺ 1 다섯 / 3(○) 셋(○) / 5 하나

❻ 4 넷 / 6(○) 여섯(○) / 8 여덟

❼ 4(○) 여섯 / 6 넷(○) / 9 아홉

004 도넛

● 관계있는 것끼리 선으로 이으시오.

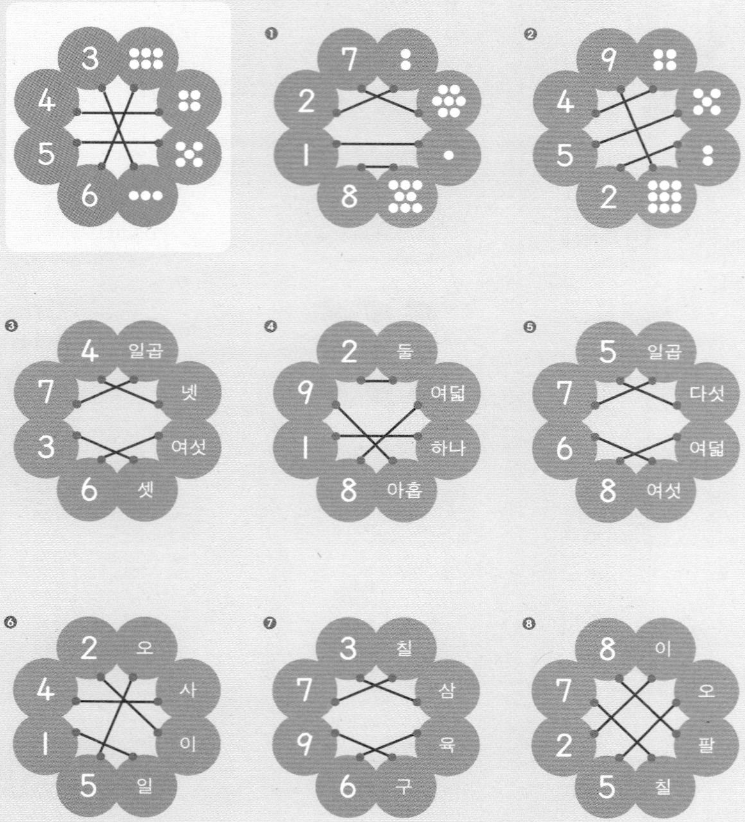

월 일

● 가운데 수와 관계없는 것에 ×표 하시오.

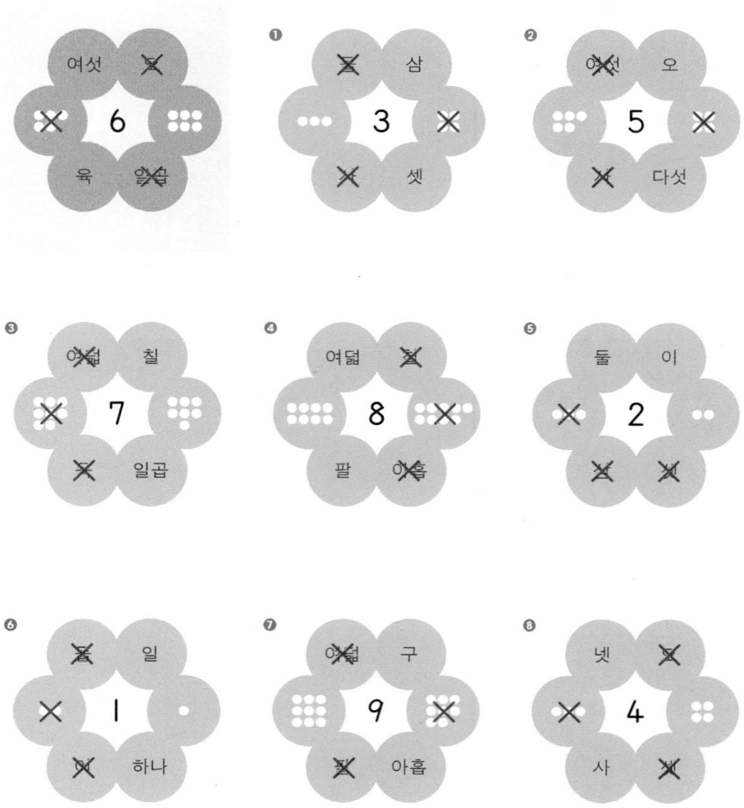

잘 공부했는지 알아봅시다

월 일

1 (사탕)의 수를 세어 ○표 하시오.

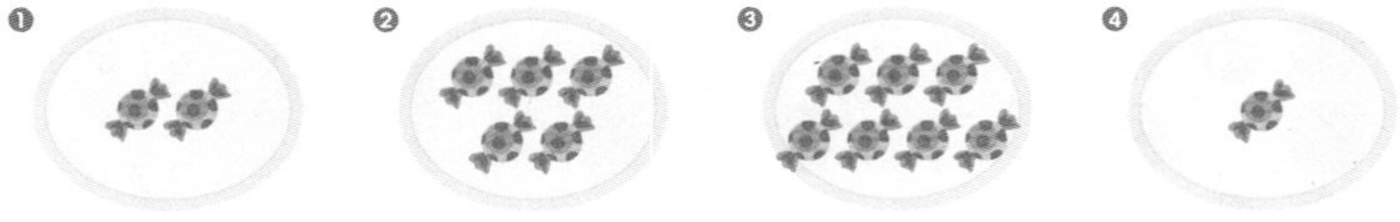

❶ 1 (2) 3 4 ❷ 4 (5) 6 7 ❸ 5 6 (7) 8 ❹ (1) 2 3 4

2 수에 맞게 색칠하시오.

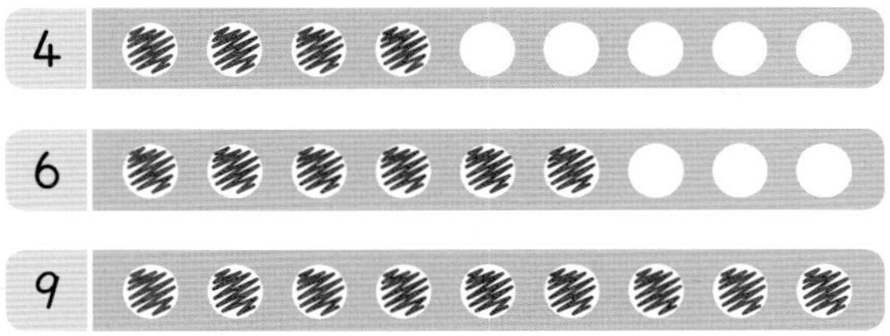

3 관계있는 것끼리 선으로 이으시오.

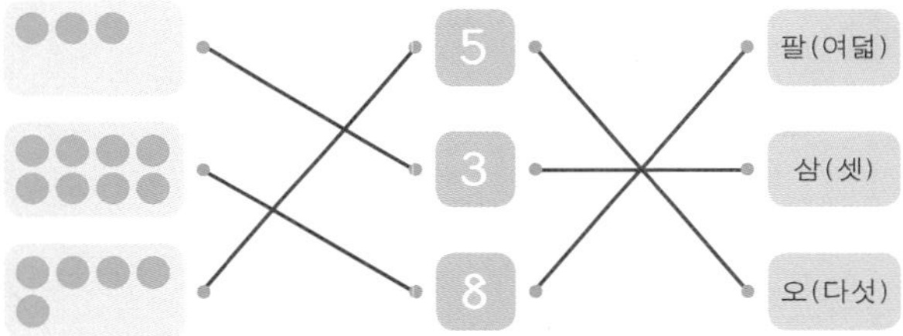

005 공

◐ 몇 개입니까?

5 개

❶ 

7 개

❷ 

3 개

❸ 

4 개

❹ 

1 개

❺ 

9 개

❻ 

6 개

❼ 

2 개

❽ 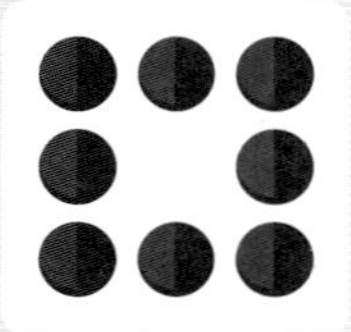

8 개

월 일

◐ 몇 개입니까?

수를 셀 때 한 개체를 반복적으로 세지 않도록 해야 합니다. /로 하나씩 지워가면 셀 수 있도록 합니다.

❶ 

: 7 개
: 6 개
: 6 개
: 3 개

❷ 

: 9 개
: 4 개
: 8 개
: 5 개

006 개미길

● 개수에 맞게 길을 선으로 이으시오.

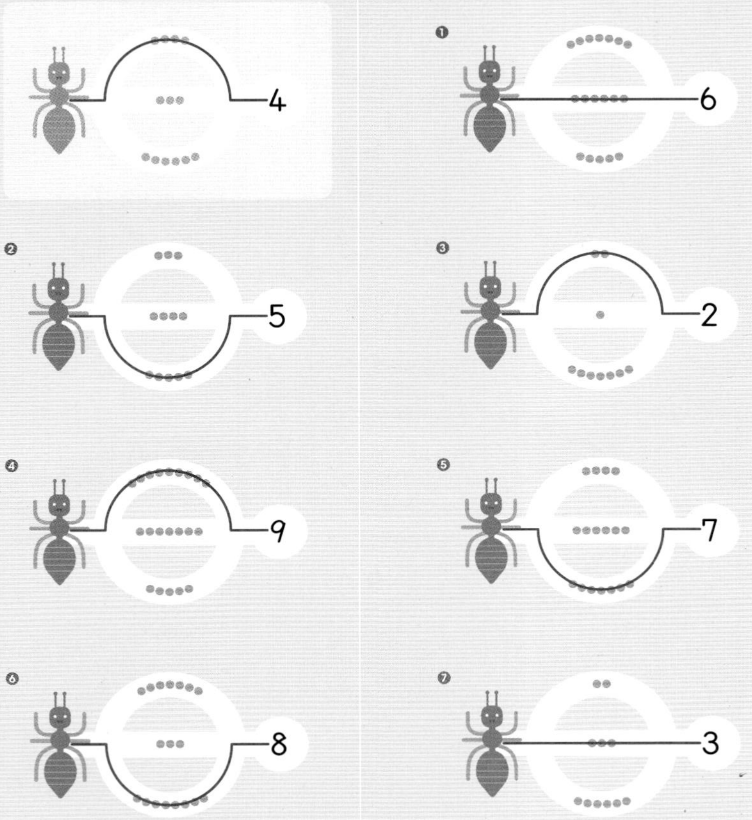

월 일

● 개수에 맞게 길을 선으로 이으시오.

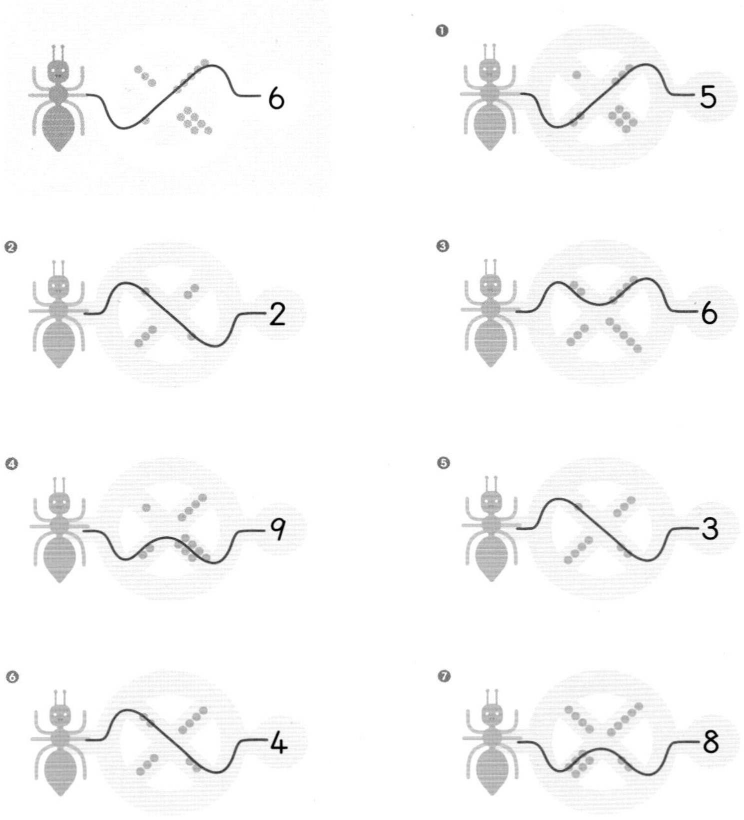

007 식스 도미노

월 일

● 점은 모두 몇 개입니까?

(예시) 8 개

1. 6 개
2. 9 개
3. 7 개
4. 3 개
5. 8 개
6. 2 개
7. 5 개
8. 4 개
9. 9 개
10. 7 개
11. 6 개

● 수에 맞게 오른쪽 칸에 ○를 그리시오.

(예시) 7

1. 8
2. 6
3. 9
4. 4
5. 3
6. 2
7. 7
8. 5
9. 8
10. 9
11. 6

008 모눈

월 일

● 가로, 세로 한 칸의 길이는 1입니다. 선의 길이를 구하시오.

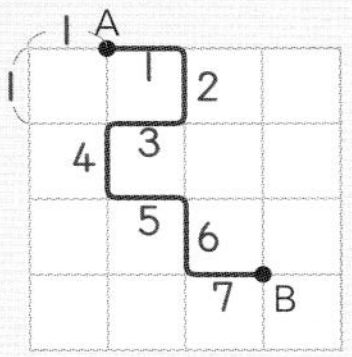

7

❶ 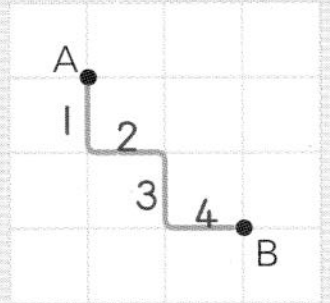

4

❷ 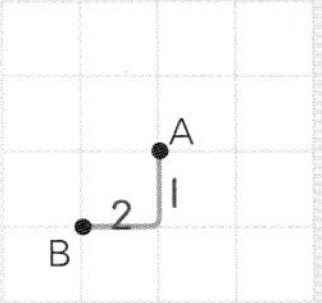

2

❸ 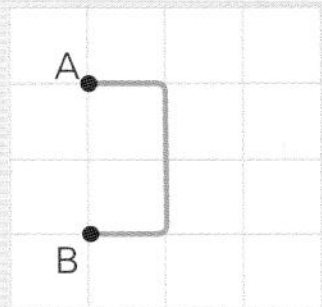

4

❹ 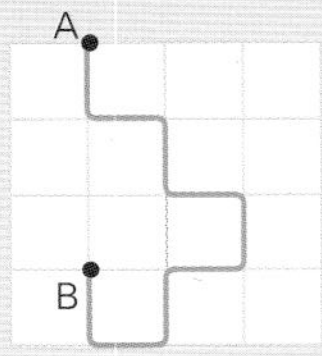

9

❺ 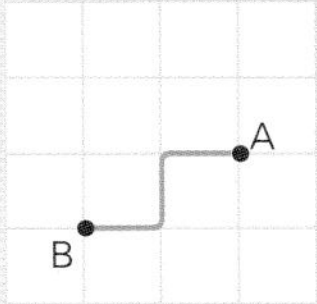

3

❻ 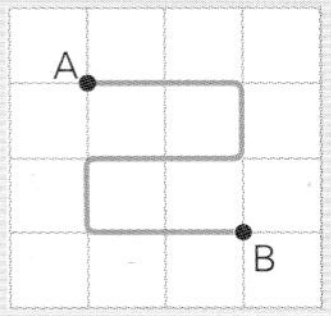

8

❼ 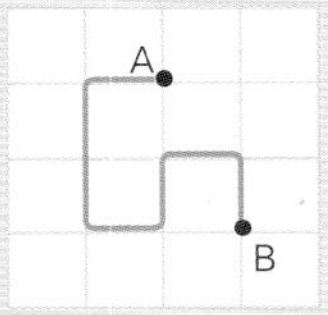

7

❽ 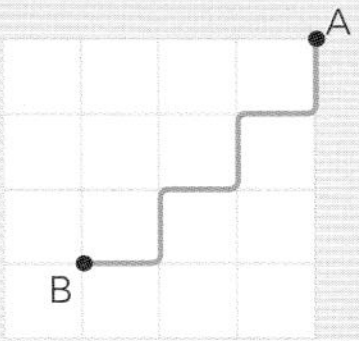

6

● 길이에 맞게 A와 B를 잇는 선을 그으시오.

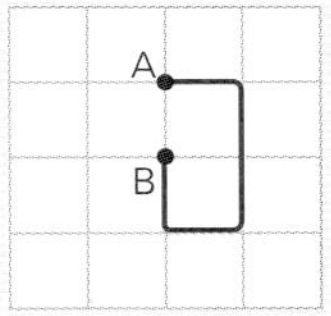

5

❶ 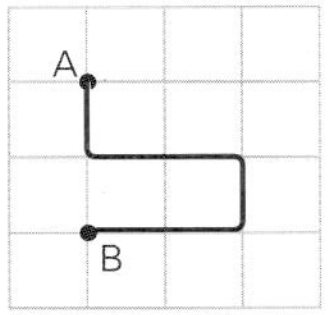

6

❷ 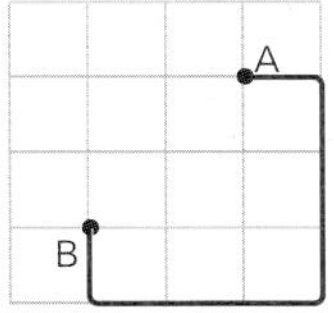

8

예시 답안과 달라도 길이가 맞으면 정답입니다.

❸ 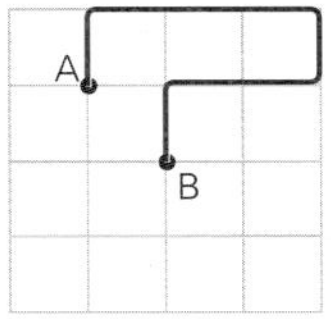

8

❹ 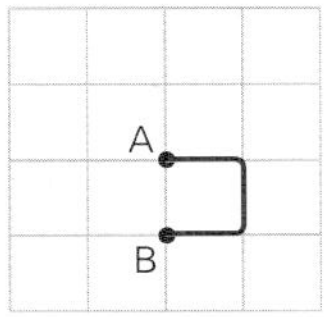

3

❺ 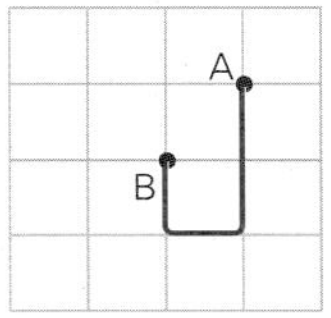

4

❻ 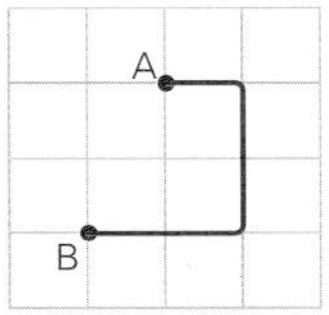

5

❼ 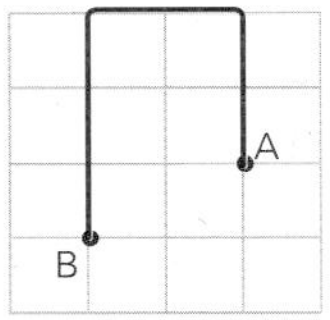

7

❽ 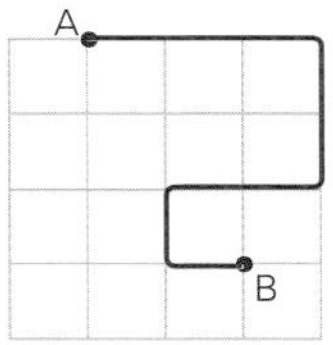

9

잘 공부했는지 알아봅시다

월 일

1 수를 세어 □ 안에 써 보시오.

❶

7 마리

❷

3 마리

❸

4 마리

2 수에 맞게 도미노의 오른쪽 칸에 ○를 그리시오.

❶
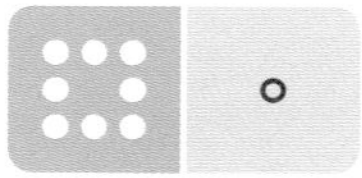

9 개

❷
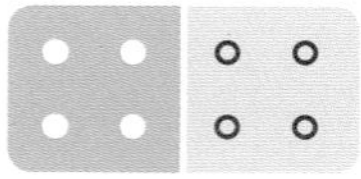

8 개

❸
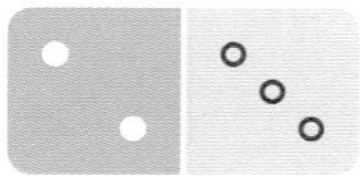

5 개

도미노의 두 칸의 점의 수의 합이 주어진 수가 되도록 모자란 수 만큼 ○를 그립니다.

3 한 칸의 길이가 1입니다. 선의 길이를 구하시오.

❶
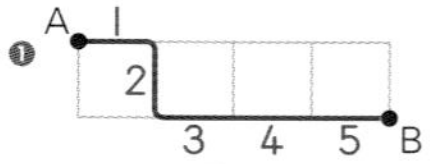

5

❷
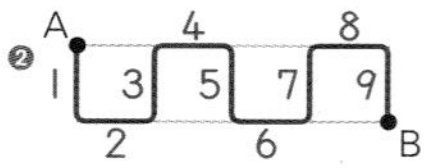

9

009 그림 완성

월 일

◐ 작은 수부터 차례로 이으시오.

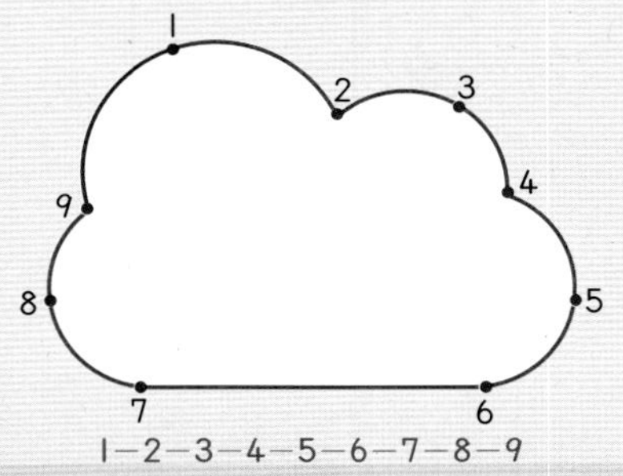

❶

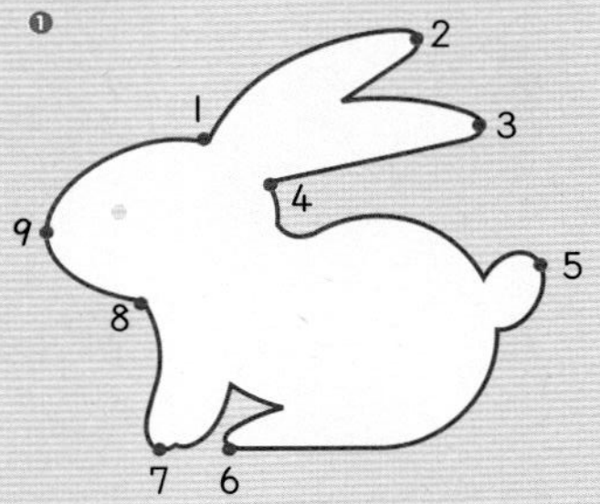

❷

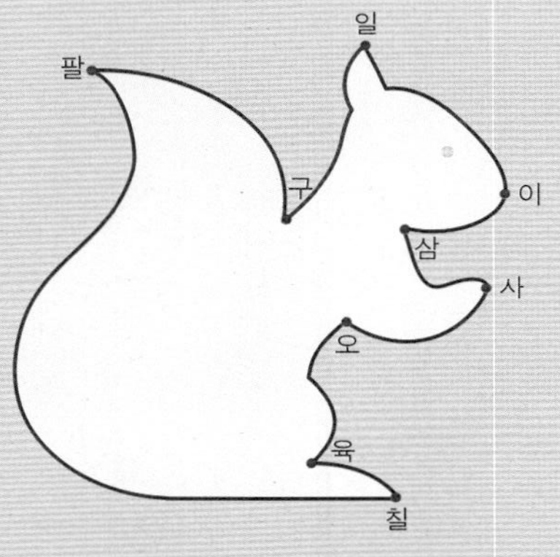

❸

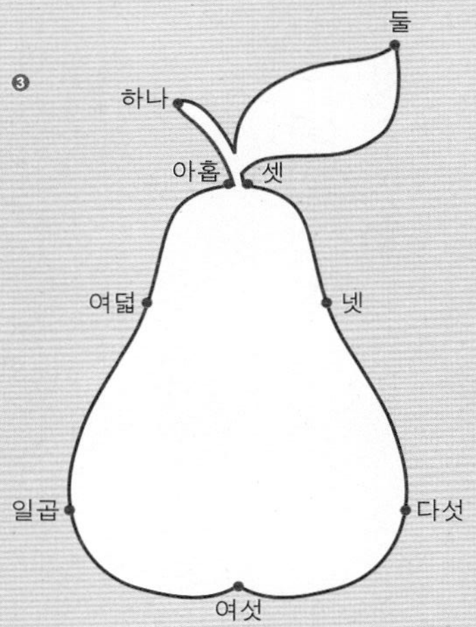

◑ 큰 수부터 차례로 이으시오.

거꾸로 세기는 뺄셈의 발달에 도움이 됩니다.

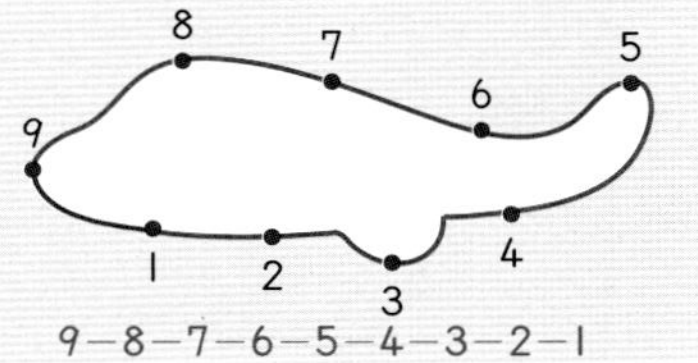

❶

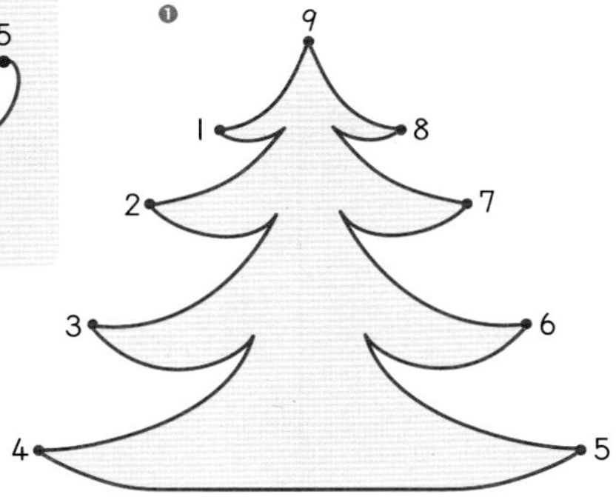

❷

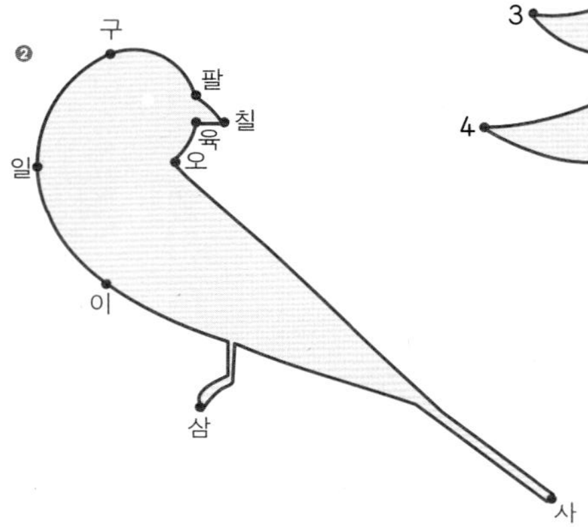

❸

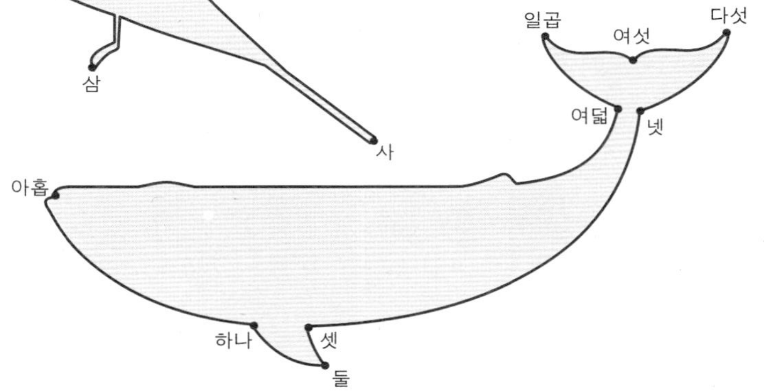

010 모양수 순서

월 일

◐ 작은 수부터 차례로 수를 써넣은 것입니다. 빈칸에 알맞은 수를 써넣으시오.

7 — 8 — 9

7에서 시작한 앞으로 세기입니다.

① 5 — 6 — 7

② 1 — 2 — 3

③ 2 — 3 — 4

④ 3 — 4 — 5

⑤ 6 — 7 — 8

◐ 큰 수부터 차례로 수를 써넣은 것입니다. 빈칸에 알맞은 수를 써넣으시오.

5 — 4 — 3

⑥ 8 — 7 — 6

⑦ 4 — 3 — 2

⑧ 6 — 5 — 4

⑨ 3 — 2 — 1

⑩ 9 — 8 — 7

어떤 수에서 출발하더라도 앞으로 세기, 거꾸로 세기를 할 수 있어야 합니다. 순서대로 수 세기는 덧셈과 뺄셈의 발달에 도움이 됩니다.

◐ 빈칸에 알맞은 수를 써넣으시오.

6 — 5 — 4 — 3

6에서 시작한 거꾸로 세기입니다.

① 5 — 6 — 7 — 8

5에서 시작한 앞으로 세기입니다.

② 2 — 3 — 4 — 5

③ 9 — 8 — 7 — 6

④ 1 — 2 — 3 — 4

⑤ 9 — 8 — 7 — 6

⑥ 9 — 8 — 7 — 6

⑦ 2 — 3 — 4 — 5

⑧ 3 — 4 — 5 — 6

⑨ 4 — 3 — 2 — 1

⑩ 3 — 4 — 5 — 6

⑪ 6 — 5 — 4 — 3

011 볼넘버

월 일

● 작은 수부터 순서에 맞게 쓴 것입니다. 잘못 들어간 수에 ×표 하시오.

(보기) 5 6 ~~8~~ 7 8

1. 2 ~~6~~ 3 4 5
2. 4 ~~8~~ 5 6 7
3. 1 2 ~~5~~ 3 4
4. 3 4 5 ~~7~~ 6
5. 5 6 7 ~~4~~ 8

● 큰 수부터 순서에 맞게 쓴 것입니다. 잘못 들어간 수에 ×표 하시오.

(보기) 9 ~~5~~ 8 7 6

6. 5 4 3 ~~7~~ 2
7. 6 5 ~~1~~ 4 3
8. 8 7 ~~9~~ 6 5
9. 7 6 5 ~~8~~ 4
10. 9 ~~5~~ 8 7 6

● 공에 쓰인 수가 작은 수부터 순서대로 써넣으시오.

(보기) 3 2 4 5 6 → 2 3 4 5 6

1. 4 7 6 5 8 → 4 5 6 7 8
2. 8 9 6 5 7 → 5 6 7 8 9
3. 3 5 7 4 6 → 3 4 5 6 7

● 공에 쓰인 수가 큰 수부터 순서대로 써넣으시오.

(보기) 5 6 7 9 8 → 9 8 7 6 5

4. 5 3 4 2 6 → 6 5 4 3 2
5. 3 7 5 4 6 → 7 6 5 4 3
6. 5 7 8 4 6 → 8 7 6 5 4

012 순서 선잇기

월 일

◐ 작은 수부터 차례로 선을 이으시오.

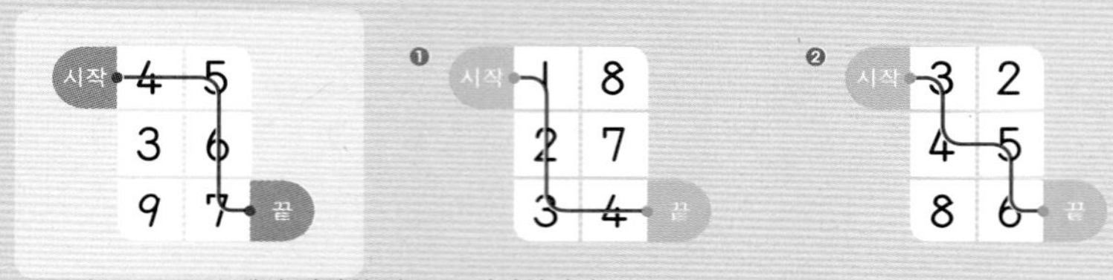

4－5－6－7 (4에서 시작한 앞으로 세기입니다.)

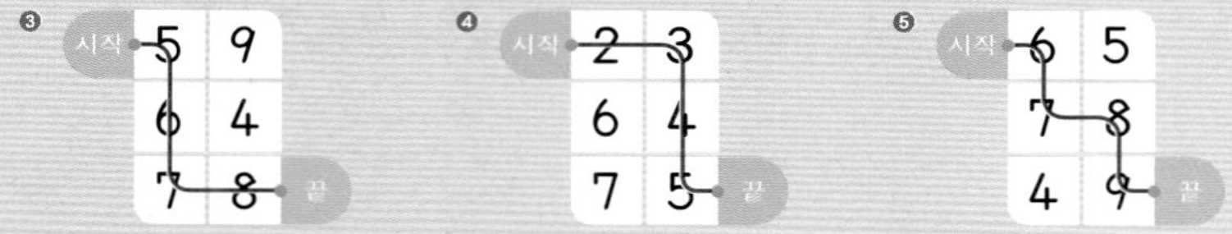

◐ 큰 수부터 차례로 선을 이으시오.

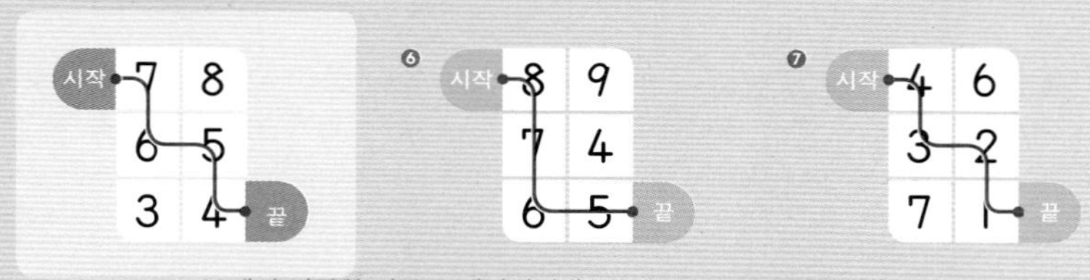

7－6－5－4 (7에서 시작한 거꾸로 세기입니다.)

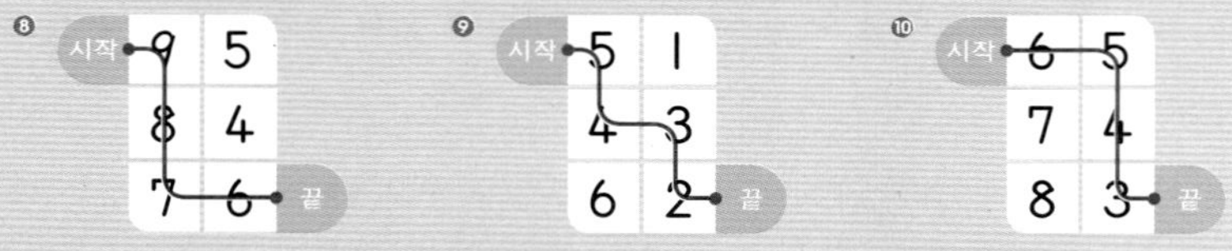

◐ 큰 수 또는 작은 수부터 수의 순서에 맞게 차례로 선을 이으시오.

앞으로 세기인지 거꾸로 세기인지 먼저 알아봅니다.

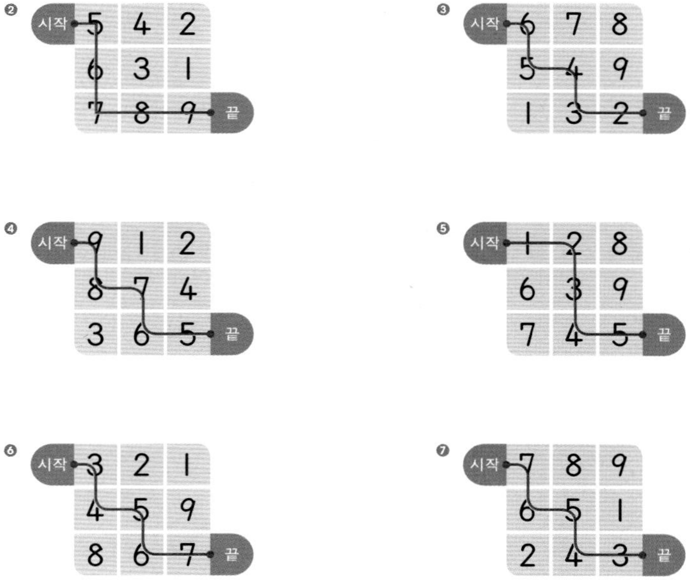

잘 공부했는지 알아봅시다

월 일

1 큰 수 또는 작은 수부터 순서에 맞게 차례로 선을 이으시오.

❶ 시작 → 끝

1	5	2	9
2	3	6	7
8	4	5	8
6	3	8	9

❷ 시작 → 끝

9	8	6	8
6	7	2	6
5	4	3	2
6	3	8	1

2 순서에 맞게 빈칸에 수를 써넣으시오.

7 6 5 4 3 2 1

3 순서에 맞게 쓴 것입니다. 잘못 들어간 수에 ×표 하시오.

❶ 일 이 × 삼 사

❷ 육 × 칠 팔 구

4 순서를 거꾸로 하여 빈칸에 알맞은 말을 써넣으시오.

구 — 팔 — 칠 — 육 — 오 — 사 — 삼 — 이 — 일

013 뱀

월 일

◐ 왼쪽부터 세어 ○에 색칠하시오.

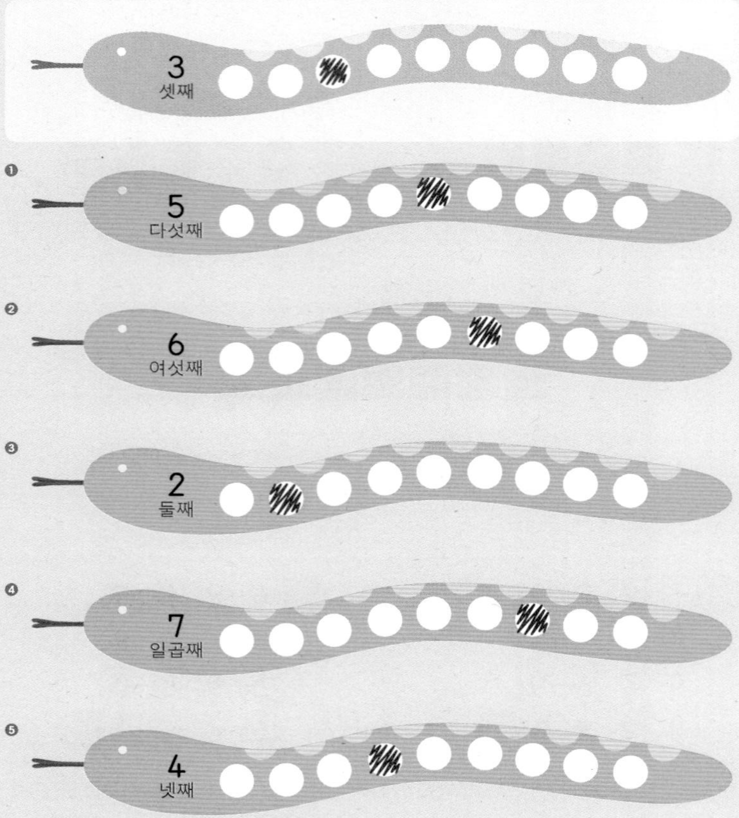

순서수는 양이 아니라 위치를 나타내므로 한 지점을 표시합니다.

◑ 왼쪽부터 순서대로 세어 바르게 읽은 것에 ⬭표 하시오.

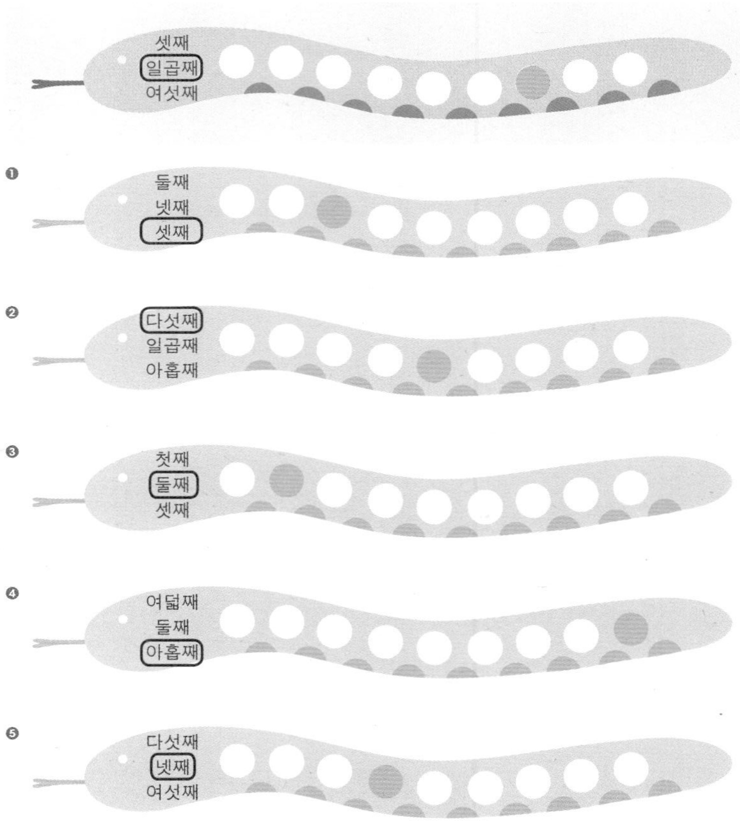

014 줄 서기

◐ 그림을 보고 관계있는 것끼리 선으로 이으시오.

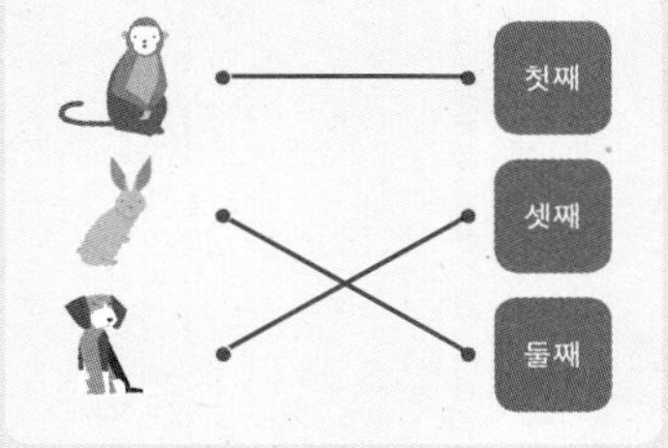

❶

❷

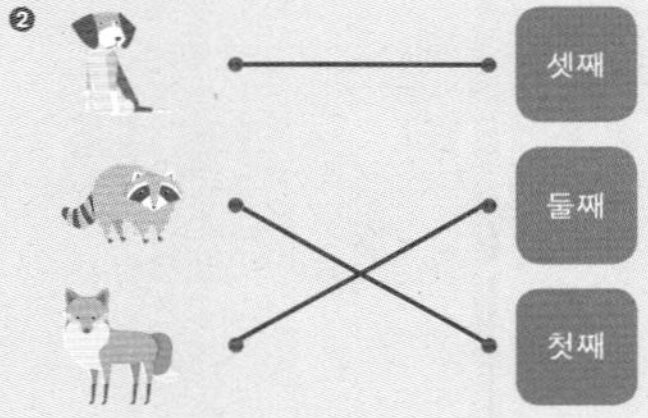

❸

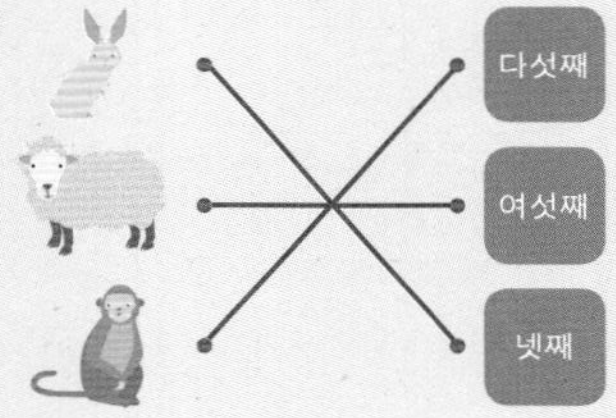

◐ 그림을 보고 관계있는 것끼리 선으로 이으시오.

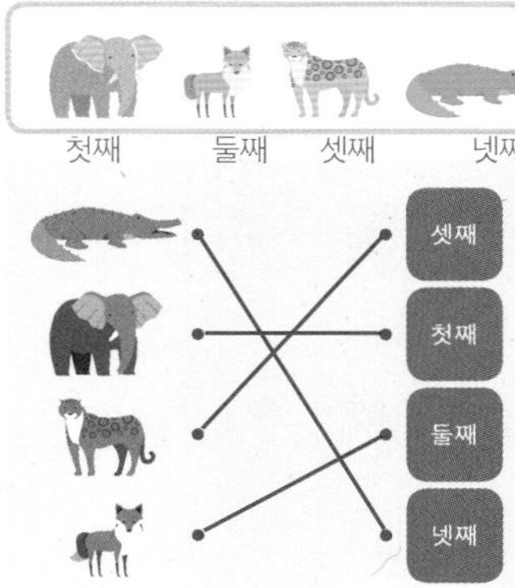

❶

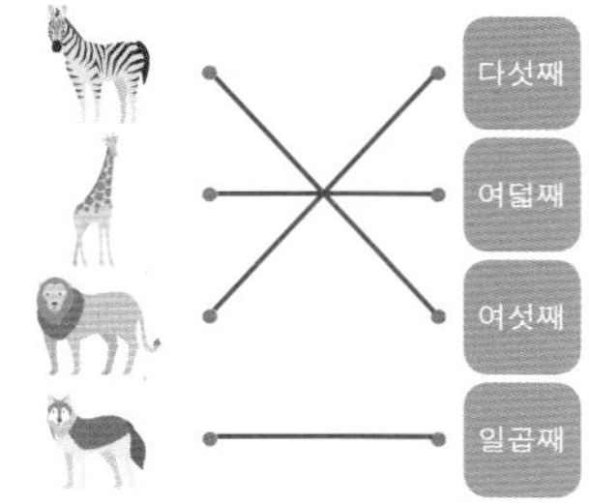

❷

❸

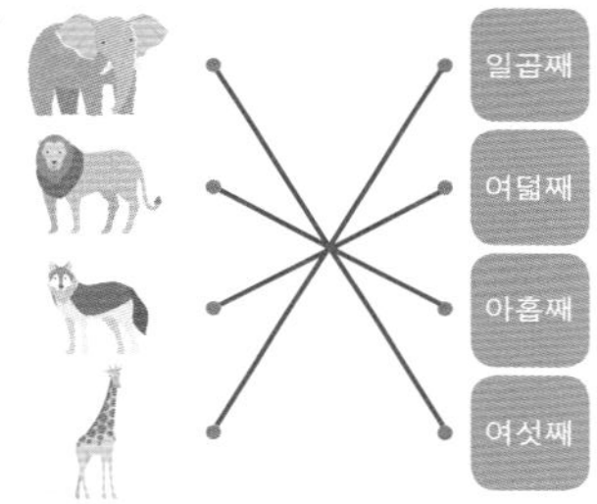

015 순서수

월 일

◆ 알맞게 색칠하시오.

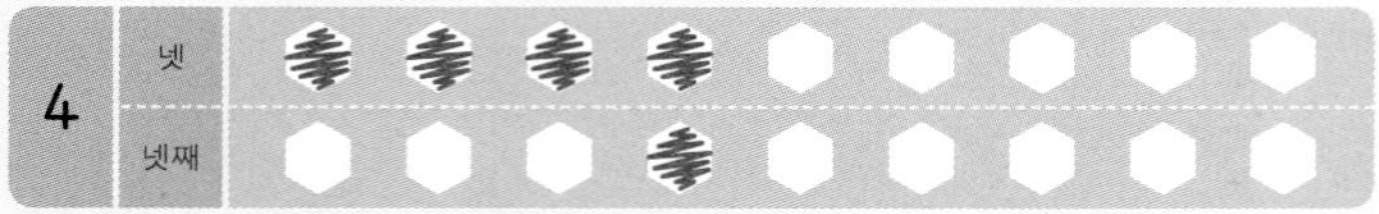

넷은 양을 나타내고 넷째는 위치를 나타냅니다.

❶

❷

❸
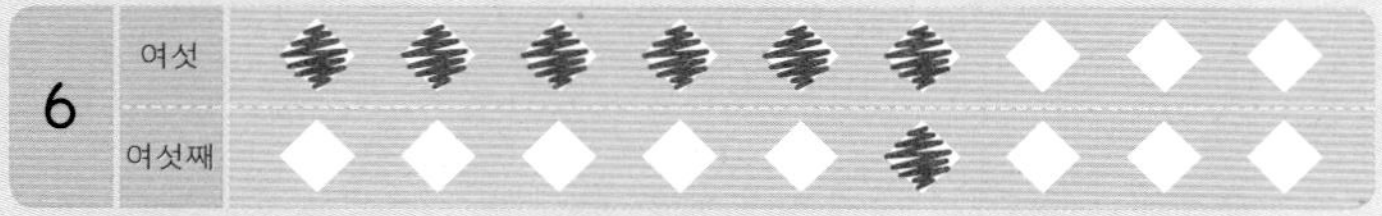

❹

◆ 알맞게 색칠하시오.

양을 나타내는 수에 '~째'를 붙이면 순서를 나타냅니다.

❶

❷
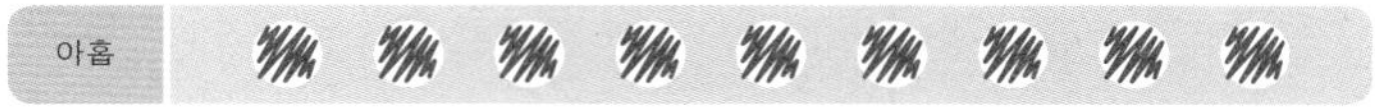

❸

❹
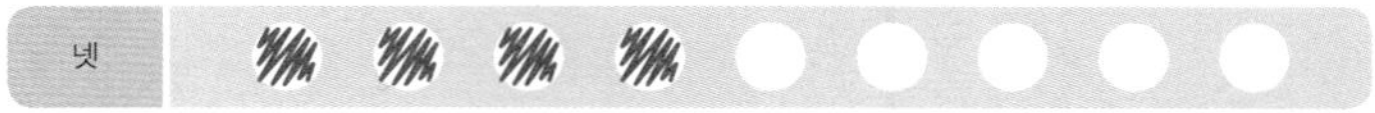

❺

❻

❼

순서수와 위치

◐ 위치에 맞게 ○표 하시오.

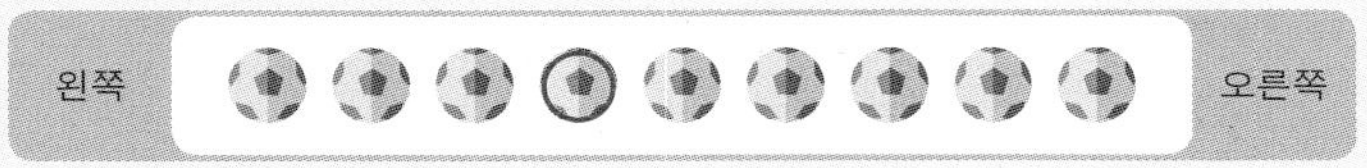

오른쪽에서 여섯째

❶

왼쪽에서 넷째

❷

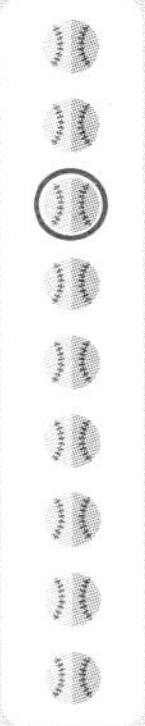

뒤에서 셋째

❸

앞에서 셋째

❹

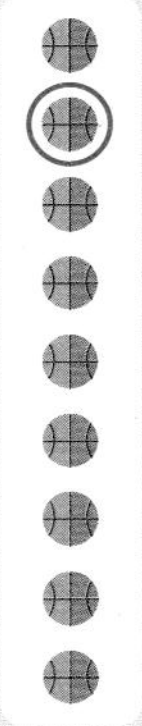

뒤에서 둘째

◐ 위치에 맞게 ○표 하시오.

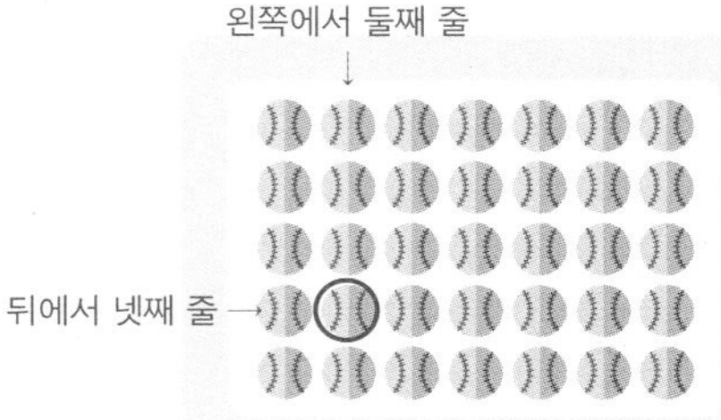

왼쪽에서 둘째 뒤에서 넷째

❶

오른쪽에서 셋째 앞에서 셋째

❷

오른쪽에서 다섯째 뒤에서 셋째

❸

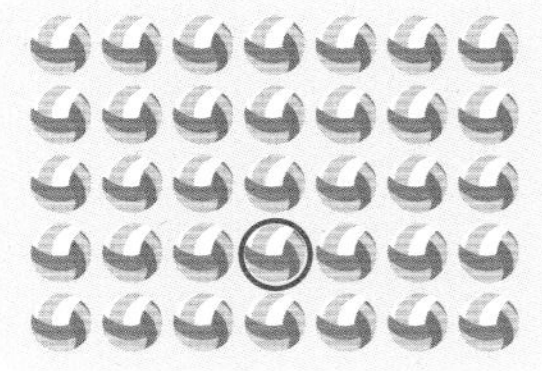

왼쪽에서 넷째 앞에서 둘째

❹

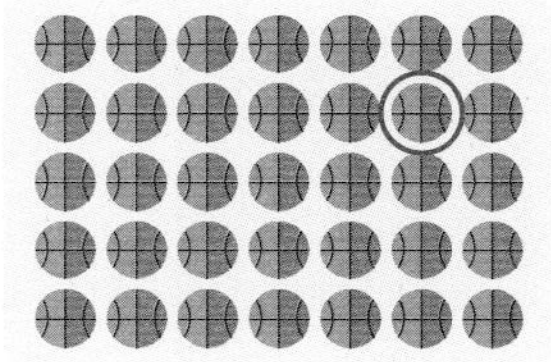

왼쪽에서 여섯째 앞에서 넷째

❺

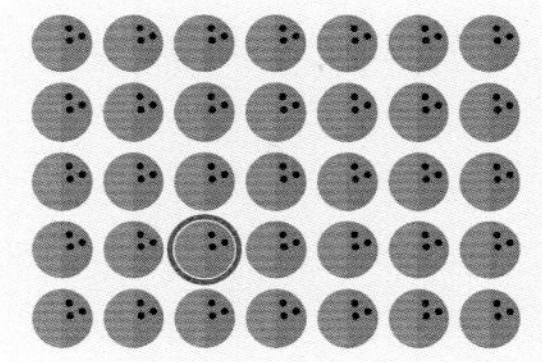

오른쪽에서 다섯째 뒤에서 넷째

잘 공부했는지 알아봅시다

월 일

1 알맞은 것에 ○표 하시오.

❶ 넷째

❷ 일곱째

2 그림을 보고 순서에 맞게 선으로 이으시오.

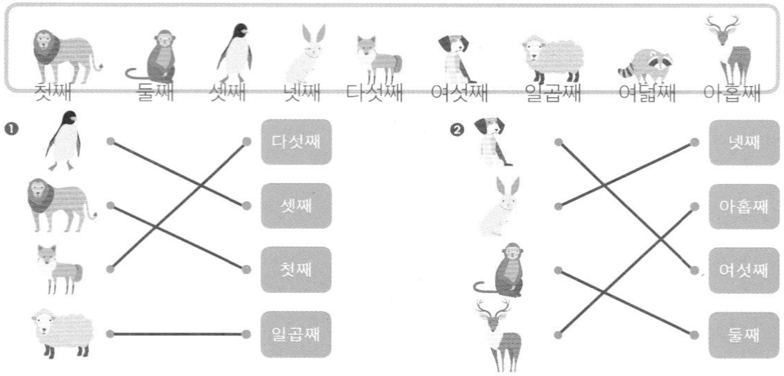

3 알맞게 색칠하시오.

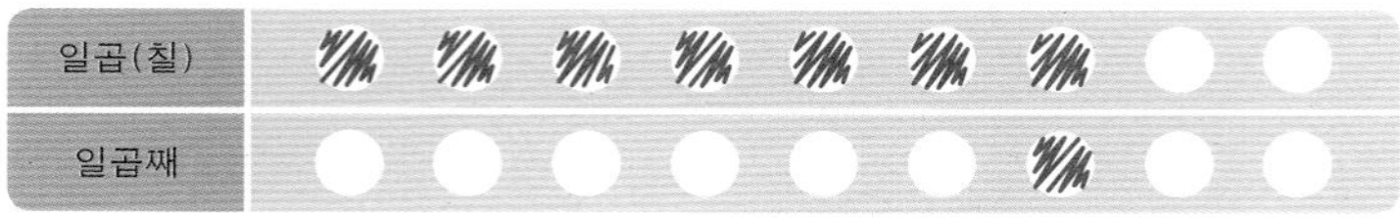

1 큰 수

◐ 아래 그림보다 하나 더 많은 것에 ◯표 하시오.

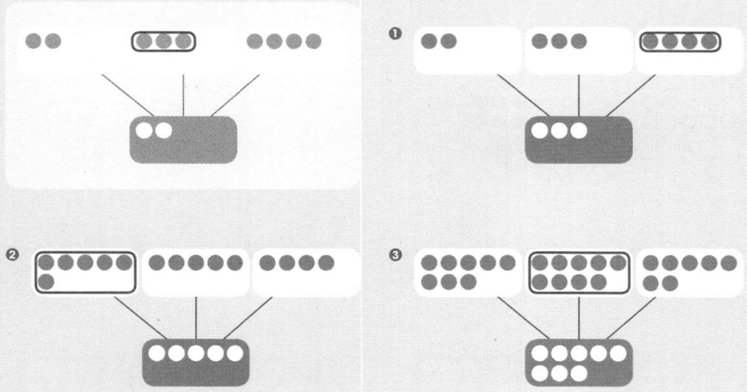

◐ 하나 더 많게 그리고, 빈칸에 알맞은 수를 써넣으시오.

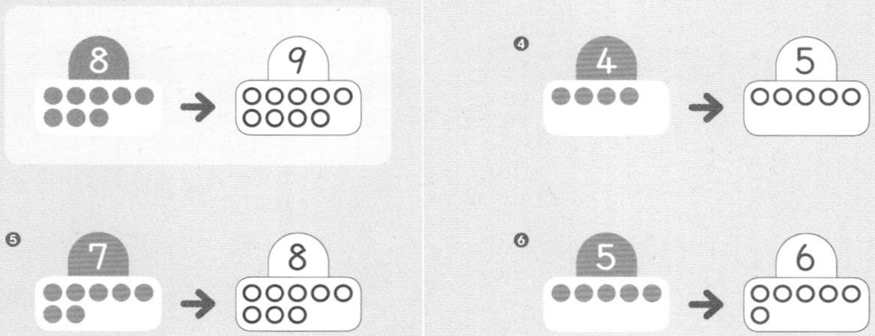

하나 더 많은 것이 Ⅰ 큰 ◐ Ⅰ 큰 수에 색칠하시오.
수임을 알게 합니다.

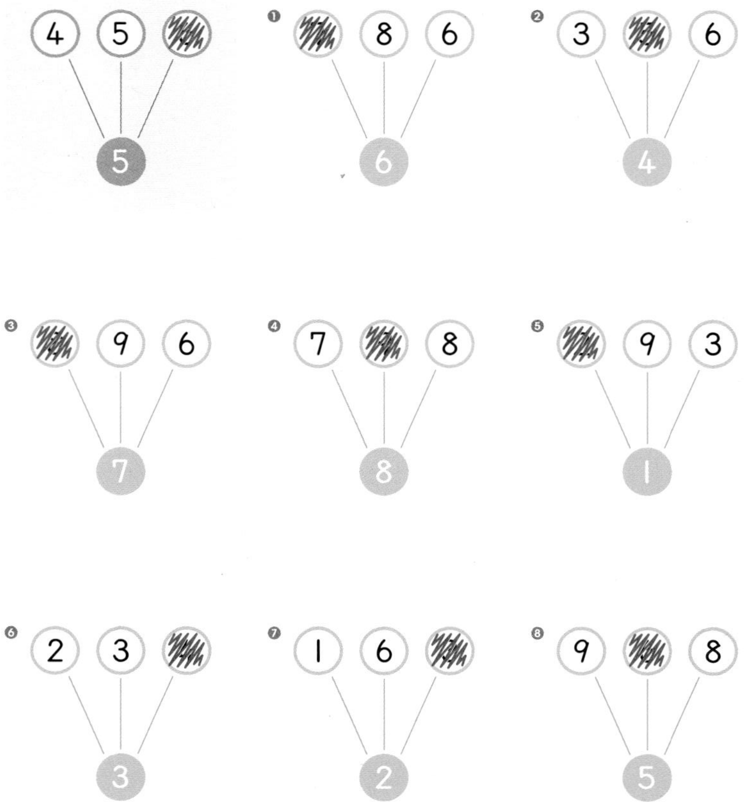

018 **1 작은 수**

월 일

◐ 하나 더 작은 것에 ◯표 하시오.

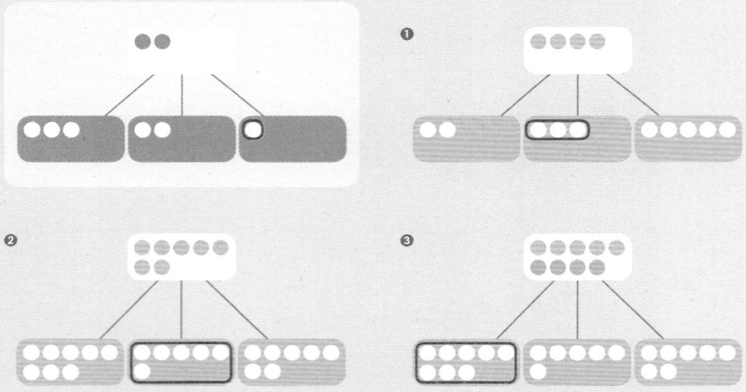

◐ 하나 더 적게 그리고, 빈칸에 알맞은 수를 써넣으시오.

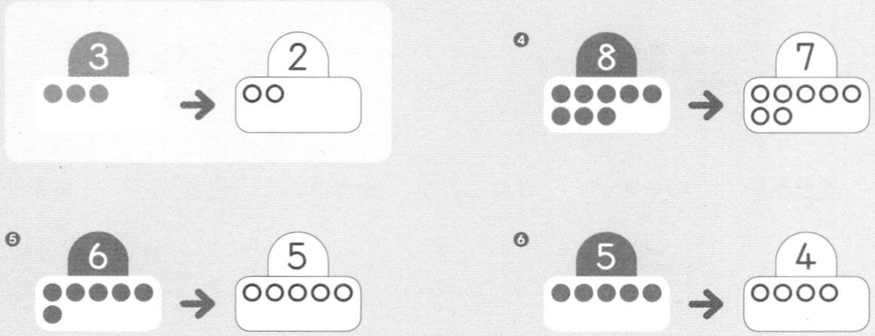

하나 더 적은 것이 1 작은 수임을 알게 합니다.

◍ 1 작은 수에 색칠하시오.

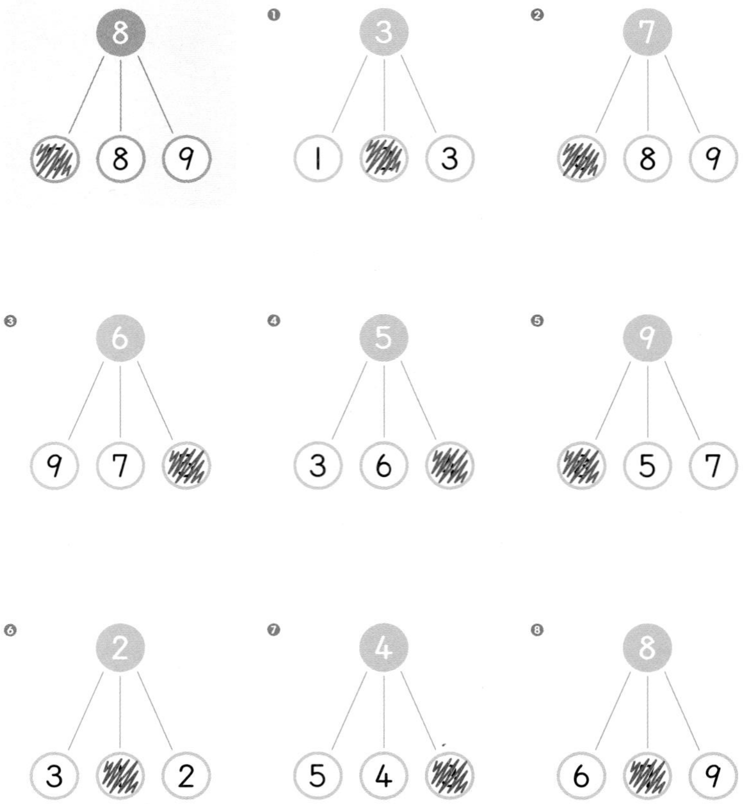

019 포도송이

월 일

◆ 1 큰 수와 1 작은 수에 맞게 ●를 색칠하고 빈칸에 알맞은 수를 써넣으시오.

	1 작은 수		1 큰 수	
예	2	3		4
❶	4	5		6
❷	5	6		7
❸	7	8		9

앞으로 셀 때 1 큰 수는 오른쪽 수이고, 1 작은 수는 왼쪽 수입니다.

◆ 1 큰 수와 1 작은 수를 써넣으시오.

예

1 작은 수		1 큰 수
1	2	3
6	7	8
3	4	5

❶

1 작은 수		1 큰 수
5	6	7
7	8	9
4	5	6

❷

1 작은 수		1 큰 수
2	3	4
5	6	7
6	7	8

❸

1 작은 수		1 큰 수
3	4	5
7	8	9
5	6	7

❹

1 작은 수		1 큰 수
7	8	9
1	2	3
3	4	5

❺

1 작은 수		1 큰 수
6	7	8
2	3	4
4	5	6

020 1 대소 문장

월 일

◆ □ 안에 알맞은 수를 찾아 ○표 하시오.

9보다 1 작은 수는 □입니다.

9 5 7 (8)

❶ 7보다 1 큰 수는 □입니다.

6 (8) 4 3

❷ 5보다 1 큰 수는 □입니다.

4 5 (6) 7

❸ 6보다 1 작은 수는 □입니다.

7 6 (5) 4

❹ 8보다 1 작은 수는 □입니다.

6 (7) 8 9

❺ 1보다 1 큰 수는 □입니다.

1 (2) 3 4

❻ 3보다 1 큰 수는 □입니다.

(4) 3 5 7

❼ 2보다 1 작은 수는 □입니다.

4 3 2 (1)

❽ 4보다 1 작은 수는 □입니다.

7 5 (3) 2

❾ 6보다 1 큰 수는 □입니다.

4 6 (7) 5

◆ □ 안에 알맞은 수를 쓰고, ( ) 안의 알맞는 말에 ○표 하시오.

7은 [6]보다 1 크고, [8]보다 1 작습니다.

❶ [6]은 5보다 1 크고, [7]보다 1 작습니다.

❷ 9는 8보다 [1] ((큽니다), 작습니다).

❸ 4는 [3]보다 1 크고, [5]보다 1 작습니다.

❹ [5]는 [4]보다 1 크고, 6보다 1 작습니다.

❺ 1은 2보다 [1] (큽니다 , (작습니다)).

❻ 3은 [2]보다 1 크고, [4]보다 1 작습니다.

❼ [8]은 7보다 1 크고, [9]보다 1 작습니다.

❽ 2는 [1]보다 1 크고, [3]보다 1 작습니다.

잘 공부했는지 알아봅시다

월 일

1 왼쪽 그림보다 하나 더 많은 것에 ○표 하시오.

❶ ( ) (O) ( )

왼쪽 그림은 5개이므로 하나 더 많은 것은 6개입니다.

❷ (O) ( ) ( )

왼쪽 그림은 7개이므로 하나 더 많은 것은 8개입니다.

2 왼쪽 그림보다 하나 더 적게 색칠하고, 색칠한 것의 수를 빈칸에 써넣으시오.

❶ 5

사과는 6개이므로 하나 더 적게 칠하면 5개가 됩니다.

❷ 8

사과는 9개이므로 하나 더 적게 칠하면 8개가 됩니다.

3 1 작은 수와 1 큰 수를 쓰시오.

❶

1 작은 수		1 큰 수
3	4	5
7	8	9
5	6	7

❷

1 작은 수		1 큰 수
2	3	4
4	5	6
6	7	8

021 모양점

월 일

◐ 개수만큼 수를 쓰고, 더 큰 수에 ○표 하시오.

(예) 7, (9)

❶ 6, (8)

❷ (5), 3

❸ (8), 7

❹ 4, (5)

❺ 3, (7)

◐ 개수만큼 수를 쓰고, 더 작은 수에 △표 하시오.

(예) △5, 8

❻ △2, 7

❼ △3, 4

❽ △6, 7

❾ 8, △5

❿ 9, △8

사물의 개수를 비교할 때는 '많다', '적다'로 말하지만, 수를 비교할 때는 '크다', '작다'로 말합니다.

◐ 수를 쓰고 알맞은 말에 ⬭표 하시오.

(예) 4, 7 — 4는 7보다 (큽니다 , (작습니다)).

❶ 8, 6 — 8은 6보다 ((큽니다) , 작습니다).

❷ 2, 5 — 2는 5보다 (큽니다 , (작습니다)).

❸ 3, 4 — 3은 4보다 (큽니다 , (작습니다)).

❹ 3, 1 — 3은 1보다 ((큽니다) , 작습니다).

❺ 9, 8 — 9는 8보다 ((큽니다) , 작습니다).

❻ 7, 3 — 7은 3보다 ((큽니다) , 작습니다).

❼ 5, 6 — 5는 6보다 (큽니다 , (작습니다)).

022 큰 수 작은 수

월 일

◆ 큰 수에 ○표, 작은 수에 △표 하시오.

보기: △2 ④
앞으로 세어 봅니다.
△2 3 ④

❶ △3 ⑤

❷ △5 ⑥

❸ ⑥ △3
거꾸로 세어 봅니다.
⑥ 5 4 △3

❹ ⑧ △1

❺ ④ △3

❻ △1 ⑧

❼ △3 ④

❽ △6 ⑧

❾ ⑧ △5

❿ △1 ⑨

⓫ ② △1

⓬ △6 ⑨

⓭ △5 ⑧

⓮ ⑨ △1

◆ 가장 큰 수에 ○표 하시오.

보기: 2, ⑦, 1
앞으로 세어 봅니다.
1 2 3 4 5 6 ⑦

❶ 3, 8, ⑨

❷ ⑦, 2, 5

❸ 4, 3, ⑤

❹ ⑥, 1, 4

❺ 2, ⑧, 5

◆ 가장 작은 수에 △표 하시오.

보기: △1, 7, 2
거꾸로 세어 봅니다.
7 6 5 4 3 2 ①

❻ 3, △2, 8

❼ 7, 6, △5

❽ △2, 4, 6

❾ 9, △7, 8

❿ 5, 7, △3

023 꼬리표

월 일

◐ 왼쪽 수보다 더 큰 수에 ○표 하시오.

3 : 2 3 ④
3부터 앞으로 세어 봅니다.
3 ④

❶ 7 : ⑧ 7 6

❷ 4 : ⑥ 2 4
4부터 앞으로 세어 봅니다.
4 5 ⑥

❸ 6 : 5 3 ⑦

❹ 5 : 5 ⑧ 3

❺ 8 : 2 ⑨ 6

◐ 왼쪽 수보다 더 작은 수에 △표 하시오.

5 : 6 5 △4
5부터 거꾸로 세어 봅니다.
5 △4

❻ 2 : △1 2 3

❼ 6 : 7 △5 8

❽ 8 : 8 △7 9

❾ 3 : △2 4 5

❿ 7 : 9 △5 7

◐ 왼쪽 수보다 더 큰 수에 ○표, 더 작은 수에 △표 하시오.

3 : ⑦ △2 3
△2 ❸ 4 5 6 ⑦

❶ 2 : 2 ③ △1
△1 ❷ ③

❷ 8 : △6 8 ⑨
△6 7 ❽ ⑨

❸ 7 : 7 △6 ⑨

❹ 5 : △2 ⑦ 5

❺ 4 : 4 ⑤ △3

❻ 6 : 6 △1 ⑨

❼ 3 : ⑦ 3 △2

❽ 7 : ⑧ △2 7

❾ 6 : ⑧ 6 △4

❿ 4 : △3 4 ⑥

⓫ 5 : △3 ⑧ 5

⓬ 2 : ④ △1 2

⓭ 8 : 8 △1 ⑨

024 다섯 수 비교

월 일

◐ 큰 수부터 차례로 쓰시오.

(예시)

5	3	7	9	2
9	7	5	3	2

9부터 거꾸로 세어 봅니다.
⑨ 8 ⑦ 6 ⑤ 4 ③ ②

❶

1	3	6	5	7
7	6	5	3	1

거꾸로 세어 봅니다.
9 8 ⑦ ⑥ ⑤ 4 ③ 2 ①

❷

2	8	9	4	6
9	8	6	4	2

❸

3	7	5	8	4
8	7	5	4	3

❹

9	2	5	1	7
9	7	5	2	1

❺

7	1	2	3	4
7	4	3	2	1

❻

8	6	7	9	3
9	8	7	6	3

❼

4	2	1	5	7
7	5	4	2	1

◐ 가장 큰 수에 ○표, 가장 작은 수에 △표 하시오.

(예시) △3 7 4 / 8 ⑨

앞으로 세어 봅니다.
1 2 △3 4 5 6 7 8 ⑨

❶ △1 7 5 / ⑧ 6

△1 2 3 4 5 6 7 ⑧ 9

❷ 4 △2 5 / ⑥ 3

1 △2 3 4 5 ⑥ 7

❸ 4 △1 ⑦ / 6 5

❹ ⑦ 3 4 / △2 5

❺ 5 3 △1 / 2 ⑧

❻ ⑦ 4 2 / 6 △1

❼ ⑧ 5 △4 / 7 6

❽ 6 4 5 / ⑦ △3

❾ 5 ⑧ 7 / △2 4

❿ 6 △3 ⑨ / 7 4

⓫ 8 7 ⑨ / △4 5

잘 공부했는지 알아봅시다

월 일

1 수를 쓰고 알맞은 말에 ◯표 하시오.

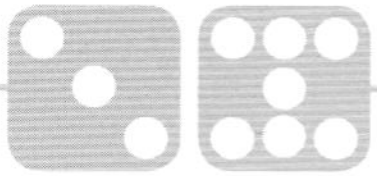

❶ 3 7

3은 7보다 (큽니다 , (작습니다)).

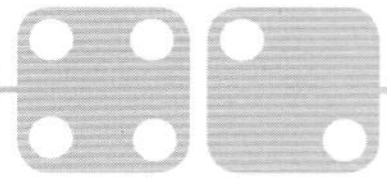

❷ 4 2

4는 2보다 ((큽니다), 작습니다).

2 왼쪽 수보다 더 큰 수에 ○표 하시오.

❶ 6 | 1 (9) 5

❷ 7 | 6 2 (8)

수를 순서대로 썼을 때 왼쪽의 수보다 오른쪽에 있는 수가 더 큰 수입니다.

① △1 – 2 – 3 – 4 – △5 – ❻ – 7 – 8 – (9)　　② 1 – △2 – 3 – 4 – △6 – ❼ – (8) – 9

3 큰 수부터 차례로 쓰시오.

3	8	5	7	4
8	7	5	4	3

4 가장 큰 수에 ○표, 가장 작은 수에 △표 하시오.

❶

8	6
△1	(9)

❷

4	(7)
△2	6

두 수씩 비교하여 가장 큰 수와 가장 작은 수를 찾을 수 있습니다.
수를 순서대로 썼을 때 가장 뒤에 있는 수가 가장 큰 수, 가장 앞에 있는 수가 가장 작은 수입니다.

025 0과 10

월 일

◐ 개수를 세어 빈칸에 알맞은 수를 써넣으시오.

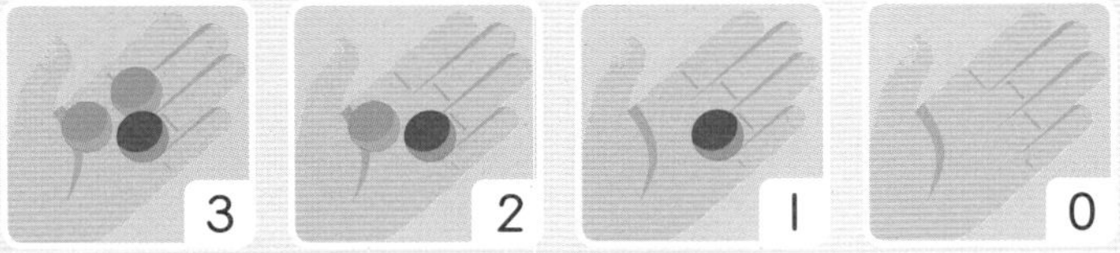

❶
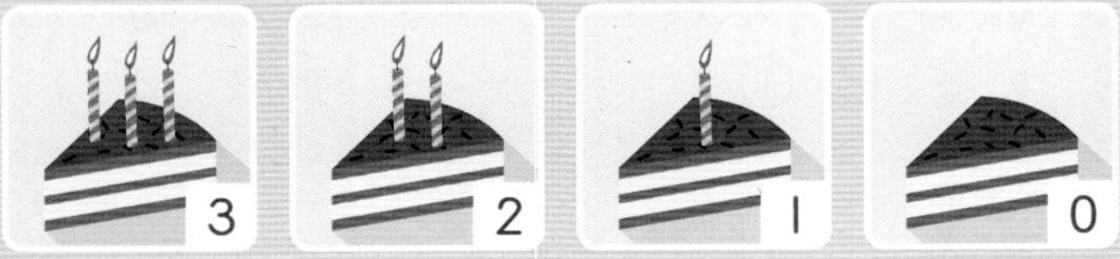

❷
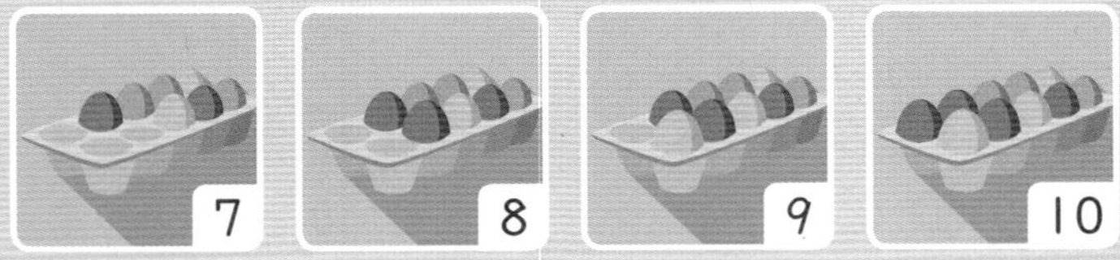

❸

거꾸로 세면
5−4−3−2−1−0
1보다 1 작은 수는 0

앞으로 세면
6−7−8−9−10
9보다 1 큰 수는 10

◐ 빈칸에 순서대로 수를 써넣으시오.

0 − 1 − 2 − 3 − 4 − 5 − 6 − 7 − 8 − 9 − 10

❶ 0 − 1 − 2 − 3 − 4

❷ 6 − 7 − 8 − 9 − 10

❸ 0 − 1 − 2 − 3 − 4

❹ 6 − 7 − 8 − 9 − 10

❺ 0 − 1 − 2 − 3 − 4 − 5 − 6 − 7 − 8 − 9 − 10

◐ 1 큰 수와 1 작은 수를 쓰시오.

2 ←1 작은 수— 3 —1 큰 수→ 4

❻ 6 ←1 작은 수— 7 —1 큰 수→ 8

❼ 1 ←1 작은 수— 2 —1 큰 수→ 3

❽ 7 ←1 작은 수— 8 —1 큰 수→ 9

❾ 0 ←1 작은 수— 1 —1 큰 수→ 2

❿ 8 ←1 작은 수— 9 —1 큰 수→ 10

026 조건

◐ 조건에 맞는 수를 찾아 모두 ○표 하시오.

조건: 7보다 큰 수입니다.

1 2 3 4 5
6 7 ⑧ ⑨ ⑩

7에서 시작하여 앞으로 셉니다.
7은 포함하지 않습니다.
7 ⑧ ⑨ ⑩

❶ 조건: 5보다 작은 수입니다.

① ② ③ ④ 5
6 7 8 9 10

5에서 시작하여 거꾸로 셉니다.
5는 포함하지 않습니다.
5 ④ ③ ② ①

❷ 조건: 6보다 큰 수입니다.

1 2 3 4 5
6 ⑦ ⑧ ⑨ ⑩

❸ 조건: 4보다 작은 수입니다.

① ② ③ 4 5
6 7 8 9 10

❹ 조건: 5보다 큰 수입니다.

1 2 3 4 5
⑥ ⑦ ⑧ ⑨ ⑩

❺ 조건: 3보다 작은 수입니다.

① ② 3 4 5
6 7 8 9 10

월 일

◐ 두 조건에 맞는 수를 찾아 모두 ○표 하시오.

조건:
6보다 작은 수입니다. 1,2,3,4,5
2보다 큰 수입니다. 3,4,5,6,7,8,9,10
→ 3,4,5

1 2 ③ ④ ⑤
6 7 8 9 10

❶ 조건:
8보다 작은 수입니다. 1,2,3,4,5,6,7
5보다 큰 수입니다. 6,7,8,9,10
→ 6,7

1 2 3 4 5
⑥ ⑦ 8 9 10

❷ 조건:
9보다 작은 수입니다. 1,2,3,4,5,6,7,8
6보다 큰 수입니다. 7,8,9,10
→ 7,8

1 2 3 4 5
6 ⑦ ⑧ 9 10

❸ 조건:
6보다 작은 수입니다.
3보다 큰 수입니다.

1 2 3 ④ ⑤
6 7 8 9 10

❹ 조건:
7보다 작은 수입니다.
4보다 큰 수입니다.

1 2 3 4 ⑤
⑥ 7 8 9 10

❺ 조건:
8보다 작은 수입니다.
4보다 큰 수입니다.

1 2 3 4 ⑤
⑥ ⑦ 8 9 10

027 사이의 수

월 일

◆ 두 수 사이의 수를 빈칸에 써넣으시오.

3과 7 사이의 수

3 [4] [5] [6] 7

3에서 시작하여 7까지 셉니다.
3 ④⑤⑥ 7

❶ 2와 5 사이의 수

2 [3] [4] 5

❷ 1과 5 사이의 수

1 [2] [3] [4] 5

❸ 5와 8 사이의 수

5 [6] [7] 8

❹ 4와 9 사이의 수

4 [5] [6] [7] [8] 9

❺ 3과 5 사이의 수

3 [4] 5

❻ 2와 7 사이의 수

2 [3] [4] [5] [6] 7

❼ 6과 10 사이의 수

6 [7] [8] [9] 10

◆ 두 수 사이의 수를 찾아 모두 ○표 하시오.

5 — 8

5 8 9 ⑦ ⑥

5에서 시작하여 8까지 셉니다.
5 ⑥⑦ 8

❶ 3 — 7

⑤ ⑥ 3 ④ 8

3에서 시작하여 7까지 셉니다.
3 ④⑤⑥ 7

❷ 6 — 9

5 ⑦ ⑧ 3 6

❸ 2 — 5

1 ③ ④ 2 5

❹ 1 — 4

1 ② 5 ③ 4

❺ 4 — 7

3 4 ⑤ 2 ⑥

❻ 7 — 10

7 6 ⑧ ⑨ 5

❼ 3 — 8

④ ⑤ ⑥ ⑦ 8

028 기구

◐ 조건에 맞는 수에 ○표 하시오.

2와 8 사이의 수

0	1	2
③	④	⑤
⑥	⑦	8
9	10	

2에서 시작하여 8까지 셉니다.
2 ③④⑤⑥⑦ 8

❶ 3보다 크고 6보다 작은 수

0	1	2
3	④	⑤
6	7	8
9	10	

❷ 6과 9 사이의 수

0	1	2
3	4	5
6	⑦	⑧
9	10	

❸ 4보다 크고 8보다 작은 수

0	1	2
3	4	⑤
⑥	⑦	8
9	10	

❹ 1과 5 사이의 수

0	1	②
③	④	5
6	7	8
9	10	

❺ 2보다 크고 5보다 작은 수

0	1	2
③	④	5
6	7	8
9	10	

월 일

◑ 조건에 맞는 수를 쓰시오.

5와 9 사이의 수: 6, 7, 8

5에서 시작하여 9까지 셉니다.
이때 5와 9는 포함하지 않습니다.
5 ⑥⑦⑧ 9

❶ 1보다 크고 5보다 작은 수: 2, 3, 4

❷ 5와 9 사이의 수: 6, 7, 8

❸ 2보다 크고 7보다 작은 수: 3, 4, 5, 6

❹ 3과 8 사이의 수: 4, 5, 6, 7

❺ 6보다 크고 10보다 작은 수: 7, 8, 9

잘 공부했는지 알아봅시다

월 일

1 달걀의 수를 세어 보시오.

❶  0 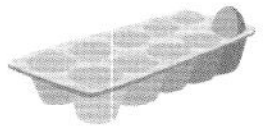 1  2

❷  8  9 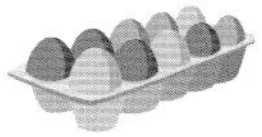 10

2 조건에 맞는 수를 찾아 모두 ○표 하시오.

조건

2보다 큰 수, 6보다 작은 수

1	2	③	④	⑤
6	7	8	9	10

2보다 큰 수 : 3, 4, 5, 6, 7, 8, 9, 10
6보다 작은 수 : 1, 2, 3, 4, 5
공통된 수 : 3, 4, 5

3 조건에 맞는 수를 모두 쓰시오.

❶ 1과 5 사이의 수

2, 3, 4

❷ 3과 7 사이의 수

4, 5, 6

029 수직선

월 일

◐ 수직선을 보고 빈칸에 알맞은 수를 써넣으시오.

(예) 1 ② 3 4 5, +2: ② —2 큰 수→ 4
② —1 큰 수→ 3 —1 큰 수→ 4

❶ 3 4 ⑤ 6 7, +2: ⑤ —2 큰 수→ 7

❷ ⑥ 7 8 9 10, +2: ⑥ —2 큰 수→ 8

❸ 2 ③ 4 5 6, +2: ③ —2 큰 수→ 5

(예) 0 1 ② 3 4, −2: 0 ←2 작은 수— ②
0 ←1 작은 수— 1 ←1 작은 수— ②

❹ 6 7 8 9 ⑩, −2: 8 ←2 작은 수— ⑩

❺ 1 2 3 ④ 5, −2: 2 ←2 작은 수— ④

❻ 3 4 5 ⑥ 7, −2: 4 ←2 작은 수— ⑥

2 큰 수는 1 큰 수를 2번 하면 됩니다.
2 작은 수는 1 작은 수를 2번 하면 됩니다.

◐ 2 큰 수와 2 작은 수를 쓰시오.

(예)

2 작은 수		2 큰 수
3	−2 ⑤ +2	7
1	−2 ③ +2	5
0	−2 ② +2	4

3 ←−1— 4 ←−1— 5 —+1→ 6 —+1→ 7

❶

2 작은 수		2 큰 수
1	③	5
4	⑥	8
6	⑧	10

❷

2 작은 수		2 큰 수
4	⑥	8
0	②	4
2	④	6

❸

2 작은 수		2 큰 수
5	⑦	9
2	④	6
1	③	5

❹

2 작은 수		2 큰 수
3	⑤	7
6	⑧	10
0	②	4

❺

2 작은 수		2 큰 수
2	④	6
1	③	5
5	⑦	9

030 2 큰 수 2 작은 수

월 일

◐ 빈칸에 알맞은 수를 써넣으시오.

(예) 4 →(1 큰 수, +1) 5 →(1 큰 수, +1) 6 ; 4 →(2 큰 수, +2) 6

❶ 6 →(1 큰 수, +1) 7 →(1 큰 수, +1) 8 ; 6 →(2 큰 수, +2) 8

❷ 8 →(1 큰 수) 9 →(1 큰 수) 10 ; 8 →(2 큰 수) 10

❸ 2 →(1 큰 수) 3 →(1 큰 수) 4 ; 2 →(2 큰 수) 4

❹ 7 →(1 큰 수) 8 →(1 큰 수) 9 ; 7 →(2 큰 수) 9

(예) 5 →(1 작은 수, −1) 4 →(1 작은 수, −1) 3 ; 5 →(2 작은 수, −2) 3

❺ 6 →(1 작은 수, −1) 5 →(1 작은 수, −1) 4 ; 6 →(2 작은 수, −2) 4

❻ 2 →(1 작은 수) 1 →(1 작은 수) 0 ; 2 →(2 작은 수) 0

❼ 7 →(1 작은 수) 6 →(1 작은 수) 5 ; 7 →(2 작은 수) 5

❽ 8 →(1 작은 수) 7 →(1 작은 수) 6 ; 8 →(2 작은 수) 6

◐ 2 큰 수와 2 작은 수를 쓰시오.

(예) 3 ←(2 작은 수, −2) 5 →(2 큰 수, +2) 7

❶ 0 ←(2 작은 수, −2) 2 →(2 큰 수, +2) 4

❷ 6 ←(2 작은 수) 8 →(2 큰 수) 10

❸ 1 ←(2 작은 수) 3 →(2 큰 수) 5

❹ 4 ←(2 작은 수) 6 →(2 큰 수) 8

❺ 2 ←(2 작은 수) 4 →(2 큰 수) 6

(예) 1 ←(2 작은 수, −2) 3 ←(2 작은 수, −2) 5 →(2 큰 수, +2) 7 →(2 큰 수, +2) 9

❻ 0 ←(2 작은 수) 2 ←(2 작은 수) 4 →(2 큰 수) 6 →(2 큰 수) 8

❼ 2 ←(2 작은 수) 4 ←(2 작은 수) 6 →(2 큰 수) 8 →(2 큰 수) 10

031 화살표 규칙

◐ 규칙에 맞게 빈칸에 알맞은 수를 써넣으시오.

규칙

→ 1씩 커집니다. ← 1씩 작아집니다.
↠ 2씩 커집니다. ↞ 2씩 작아집니다.

6 ↠(2씩 커집니다) 8

❶ 1 ←(1씩 작아집니다) 2
❷ 3 →(1씩 커집니다) 4
❸ 0 ↞(2씩 작아집니다) 2
❹ 8 → 9
❺ 6 ← 7
❻ 8 ↠ 10
❼ 4 ← 5
❽ 4 → 5
❾ 0 ← 1
❿ 6 ↠ 8
⓫ 7 ↞ 9
⓬ 2 ↠ 4
⓭ 8 ↞ 10
⓮ 1 ↠ 3

◐ 규칙에 맞게 빈칸에 알맞은 수를 써넣으시오.

5 ↞(−2) 7 →(+1) 8

❶ 3 ←(−1) 4 ↠(+2) 6
❷ 2 ←(−1) 3 →(+1) 4
❸ 6 ↞(−2) 8 ↠(+2) 10
❹ 5 ← 6 ↠ 8
❺ 0 ↞ 2 → 3
❻ 3 ↞ 5 ↠ 7
❼ 0 ← 1 → 2
❽ 7 ↞ 9 → 10
❾ 1 ↞ 3 ↠ 5
❿ 1 ← 2 ↠ 4
⓫ 7 ← 8 → 9

2씩 뛰기

◐ 작은 수부터 2씩 뛰어 선을 이으시오.

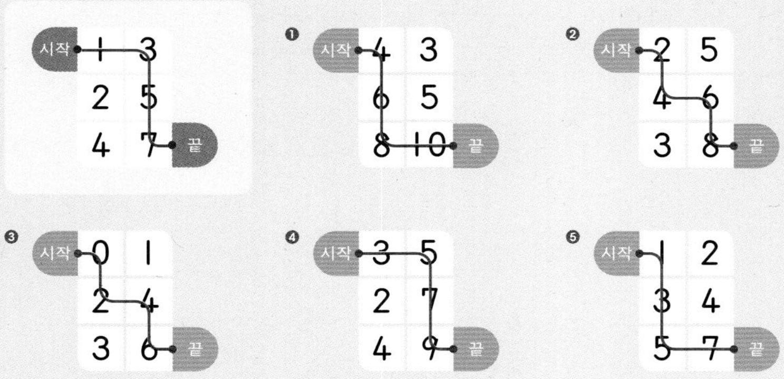

◐ 큰 수부터 2씩 뛰어 선을 이으시오.

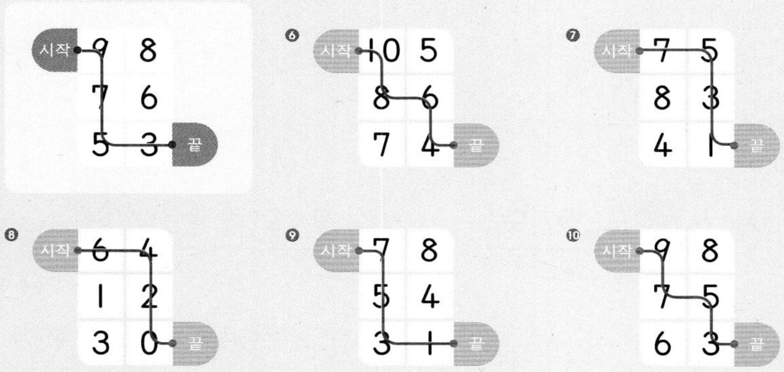

2씩 앞으로 세기
1–3–5–7–9
2–4–6–8–10

2씩 거꾸로 세기
9–7–5–3–1
10–8–6–4–2

2씩 뛰어 세기는 짝수, 홀수 개념 형성에 도움이 됩니다.

◐ 2씩 뛰어 센 것입니다. 빈칸에 알맞은 수를 써넣으시오.

8 – 6 – 4 – 2

❶ 3 – 5 – 7 – 9

❷ 1 – 3 – 5 – 7

❸ 6 – 4 – 2 – 0

❹ 2 – 4 – 6 – 8

❺ 7 – 5 – 3 – 1

❻ 3 – 5 – 7 – 9

❼ 4 – 6 – 8 – 10

❽ 6 – 4 – 2 – 0

❾ 1 – 3 – 5 – 7

❿ 2 – 4 – 6 – 8

⓫ 10 – 8 – 6 – 4

잘 공부했는지 알아봅시다

월　일

1 빈칸에 알맞은 수를 써넣으시오.

❶ −2　+2

1　2　3　4　5　6

❷ −2　+2

5　6　7　8　9　10

2 2 큰 수와 2 작은 수를 쓰시오.

2 작은 수		2 큰 수
0	2	4
4	6	8
5	7	9

3 규칙에 맞게 빈칸에 알맞은 수를 써넣으시오.

규칙

→ 1씩 커집니다.　← 1씩 작아집니다.

↠ 2씩 커집니다.　↞ 2씩 작아집니다.

❶ 4 ↠ 6　❷ 7 ← 8　❸ 7 ↞ 9